ANTIQUITÉS
MONNAIES
GRECQUES — ROMAINES — FRANÇAISES ET ÉTRANGÈRES

Collection BARRACHIN

PARIS
HOTEL DROUOT
1924

Collection Barrachin.

ANTIQUITÉS
MONNAIES

GRECQUES - ROMAINES - FRANÇAISES ÉTRANGÈRES

DONT LA VENTE AUX ENCHÈRES AURA LIEU

A L'HOTEL DROUOT

Les Jeudi 18, Vendredi 19 et Samedi 20 Décembre 1924.

COMMISSAIRES-PRISEURS :

Me LAIR DUBREUIL
6, rue Favart, 6
PARIS

Me GIARD
50, rue Sainte-Anne, 50
PARIS

EXPERTS :

M. JULES FLORANGE
Expert en Monnaies et Médailles,
17, rue de la Banque, 17
PARIS (2e)

M. LOUIS CIANI
Expert en Monnaies et Médailles,
54, rue Taitbout, 54
PARIS (9e)

EXPOSITION PUBLIQUE

Le Jeudi 18 Décembre 1924, de 2 heures à 3 h. 30.

Collection Barrachin.

ANTIQUITÉS
MONNAIES

GRECQUES - ROMAINES - FRANÇAISES ÉTRANGÈRES

DONT LA VENTE AUX ENCHÈRES AURA LIEU

A L'HOTEL DROUOT

Les Jeudi 18, Vendredi 19 et Samedi 20 Décembre 1924.

COMMISSAIRES-PRISEURS :

Me LAIR DUBREUIL	Me GIARD
6, rue Favart, 6	50, rue Sainte-Anne, 50
PARIS	PARIS

EXPERTS :

M. JULES FLORANGE	M. LOUIS CIANI
Expert en Monnaies et Médailles,	Expert en Monnaies et Médailles,
17, rue de la Banque, 17	54, rue Taitbout, 54
PARIS (2e)	PARIS (9e)

EXPOSITION PUBLIQUE

Le Jeudi 18 Décembre 1924, de 2 heures à 3 h. 30.

CONDITIONS DE LA VENTE

La vente aura lieu au comptant.

Les acquéreurs paieront 19 fr. 50 pour cent en sus des enchères.

Les pièces ayant été exposées et les acquéreurs ayant ainsi pu juger de leur état, aucune réclamation ne sera admise une fois l'adjudication prononcée.

MM. les Experts exécuteront les commissions que MM. les Amateurs voudront bien leur confier aux conditions habituelles (5 % sur la limite).

Les Experts peuvent suivre ou modifier l'ordre du catalogue et réunir ou diviser les numéros.

La conservation des pièces a été indiquée sévèrement.

B = beau; TB = très beau; FDC = fleur de coin.

EXPOSITION PARTICULIÈRE CHEZ LES EXPERTS:

M. J. Florange, 17, rue de la Banque, du 4 au 11 Décembre 1924.

M. L. Ciani, 54, rue Taitbout, du 12 au 17 Décembre 1924.

ORDRE DES VACATIONS

Jeudi 18 Décembre 1924, à 3 h. 30.	**N°s 1 à 138.**
Vendredi 19 Décembre 1924, à 2 heures.	**N°s 139 à 463.**
Samedi 20 Décembre 1924, à 2 heures.	**N°s 464 à 785.**

Produit : 140.697 fr.

91.275. — **Imprimerie Lahure, 9, rue de Fleurus, à Paris.**

VERRES ANTIQUES IRISÉS

1 à 3 — Trois verres irisés en pâte bleue. (Époque Phénicienne.) Haut., 9 cent.

4 — Petit vase piriforme à deux anses. Pâte mauve de verre. Haut., 6 cent.

5 à 6 — Fragment de vase en verre moulé avec motifs et têtes de lion en relief; un autre verre irisé pommiforme (avec fêlures). Haut., 8 cent.

7 — Petit flacon avec irisation partielle (ébréchure au goulot). Haut., 7 cent.

8 — Joli flacon à long col cylindrique. Irisation nacrée. Haut., 13 cent.

9 — Flacon piriforme. Belle irisation. Haut., 13 cent.

10 — Petite amphore fusiforme à une anse (recollée). Haut., 13 cent. 1/2.

11 — Vase à forme tubulaire, irisation uniforme. Haut., 16 cent. 1/2.

12 — Petit flacon irisé à moitié décapé. Haut., 8 cent.

13 à 14 — Deux verres phéniciens (mauvais état). Haut., 7 cent.

15 — Œnochoé (une anse rapportée). Haut., 6 cent.

16 — Flacons jumelés cerclés de fils enroulés en spirale. (manque une anse, et fêlures.) Haut., 11 cent.

17 — Gobelet inversable. Irisation nacrée. Haut., 6 cent. 1/2.

18 — Vase piriforme à faible irisation. Haut., 16 cent.

19 — Ampoule piriforme à irisation mordorée. Haut., 7 cent. 1/2.

20 — Vase à panse sphériqne à long col. Haut., 15 cent.

21 — Flacon sphérique à long col. Irisation partielle. Haut., 13 cent.

22 — Petit flacon inversable, en pâte bleue. Haut., 6 cent.

23 — Flacon de forme carrée à irisation nacrée intérieure. Haut., 6 cent.

24 — Amphore à panse oblongue et à deux anses en verre soudé. Haut., 22 cent.

25 à 26 — Deux flacons dont l'un pâte bleu vert, l'autre transparent et irisations partielles. Haut., 6 et 8 cent.

27 à 29 — Une paire de petits vases irisés piriforme. Une autre à panse sphérique à long col. Haut., 6 et 12 cent.

30 — Petit flacon en forme de grenade pâte mauve. Haut., 7 cent.

31 — Flacon ovoïde à très belles irisations. Haut., 8 cent.

32 — Petit flacon sphérique à belle irisation. Haut., 6 cent.

33 — Coupe en forme de cône renversé. Verre moulé. (recollé.) Haut., 10 cent.

34 — Alabastre phénicien en pâte de verre bleu, décoré de chevrons jaunes. Haut., 11 cent.

35 — Gobelet inversable à belle irisation feu et vert. Diam., 4 cent. 1/2.

36 Bol en verre transparent à faible irisation. Diam., 10 cent. 1/2.

37 — Plat à large rebord avec irisation partielle. Diam., 23 cent.

37 *bis* — Deux vases en verre coloré en forme d'amphore. Haut., 10 cent.

CÉRAMIQUE ANTIQUE

38 — Un œnochoé. Haut., 13 cent.

39 — Un moule terre cuite. Diam., 16 cent.

40 — Une écuelle terre cuite. Diam., 11 cent.

41 — Une coupe Italiote vernis noir à 2 anses. Haut., 20 cent. — 45

42 — Autre coupe similaire. Haut., 18 cent.

43 — Gobelet vernis noir. Haut., 8 cent. — 30

44 — Coupe vernis noir, 2 anses, fond à décors géométriques. Diam., 26 cent.

45 — Coupe à deux anses, à fond rouge. Scènes de combat. (restaurée, ve siècle.) Diam., 19 cent. — 50

46 — Aryballe corinthien. (ve siècle.) Haut., 6 cent.

47 — Aiguière Italiote, fond noir, à personnages et décors géométriques. (restauration à l'embouchure.) Haut., 29 cent. — 150

48 — Amphore, fond rouge, à une anse. Scène mythologique sur la panse. (restauré.) Haut., 28 cent. — 160

49 — Amphore, à fond noir, à deux personnages sur la panse. *Planche I.* — 160

50 — Lecytre à décors (détérioré). Haut., 28 cent. — 70

51 — Amphonique ovoïde à fond rouge. Haut., 14 cent. — 120

52 — Alabastron corinthien. Haut., 22 cent.

53 — Amphore fond noir. (les anses et le couvercle manquent.) Haut., 19 cent. — 135

54 — Lecytre, à fond noir, à personnages sur la panse. Haut., 15 cent.

55 — Amphore (mauvais état). Haut., 29 cent. — 35

56 — Lecytre. Haut., 11 cent. — 50

57 — Vase sphérique. Haut., 9 cent.

58 — Grande amphore (restaurée). Haut., 38 cent. — 260

TERRES CUITES

59 à 60 — Deux vases en forme de tête de femme. (Époque Gréco-Romaine.) Haut., 10 cent. — 50

61 à 62 — Vase à forme humaine et statuette représentant une divinité agraire (?) Haut., 22 cent. — 150

63 — Statuette de femme Tanagréenne debout et drapée. (IVe siècle.) Haut., 17 cent.

64 — Autre statuette (tête recollée). Haut., 16 cent.

65 — Un buste en marbre. Haut., 10 cent.

66 — Un personnage assis sur un rocher. Haut., 8 cent.

67 — Un lot de 9 petites têtes, un masque théâtral et un Aryballe corinthien. Hauteur moyenne, 5 cent.

68 — Figurine de femme drapée assise. (restaurée.) Haut., 19 cent. *Planche II.*

69 — Une petite tête de femme. Haut., 5 cent.

70 — Statuette de femme drapée. Haut., 21 cent.

70 *bis* — Buste en marbre du dieu Serapis. Haut., 20 cent.

71 — Épreuve en terre cuite. Haut., 16 cent.

72 — Statuette de Tanagra. Femme drapée assise. Haut., 30 cent.

73 — Figurine de Déesse avec corne d'abondance. *Planche II.*

74 — Figurine de Vénus (sans bras). Haut., 18 cent.

75 — Lampe en forme de lion. Haut., 12 cent.

76 — Amour ailé. Haut., 11 cent.

76 *bis* — Plaquette en terre cuite. Bige au galop. Diam., 16×8 cent.

77 — Tête de femme diadémée. Haut., 9 cent.

78 — Buste de femme minuscule. Haut., 6 cent.

79 — Autre tête de femme. Haut., 4 cent.

80 — Une stèle votive en calcaire. Un Sphinx vu de profil. Haut., 17 cent.

81 — Un lot de 11 lampes en terre cuite de la période hellénistique.

BIJOUX ANTIQUES, EN OR

82 — **Trois fibules** estampées dont deux assorties et filigranées. Travail d'exécution très fine à semis de boules dans le champ. *Planche III.* — 1410

83 — **Applique** cylindrique estampée et décorée de cavaliers et doves. (Époque Romaine, IVe siècle.) *Planche IV.* — 2300

84 — **Bracelet** ovale avec décors de losanges symétriques à dépression. (Époque Gréco-Romaine.) *Planche III.* — 410

85 — **Une paire de bracelets d'enfant** en forme de boules superposées. (Époque Romaine.) *Planche III.* — 300

86 — **Chaînette** formée de perles minuscules et terminée par une boule à filigrane. *Planche IV.* — 1080

87 — **Une paire de statuettes de Cupidon** ailés, en or massif, d'attitude différente. *Planche IV.* — 810

88 — **Une paire de boucles d'oreilles** taillées en quartier et surface lisse. (Style Chypriote.) *Planche IV.* — 55

89 — **Paire de boucles d'oreilles**, en forme de croissant, estampées et ajourées (Travail d'influence arabe.) *Planche IV.* — 300

90 — **Autre paire** probablement d'origine Chypriote. *Planche IV.* — 140

91 — **Épingle** en argent. (Travail hellénistique.) *Planche IV.* — 1060

92 — **Deux figurines** en or estampé. (Époque hellénistique.) *Planche IV.* — 100

93 — **Deux colonettes** à fût pentagone avec chapiteau orné. *Planche III.* — 310

94 — **Paires de boucles d'oreilles**, terminées par des têtes de bélier. *Planche IV.* — 365

95 — **Plaque de diadème** orné de swastica. Or estampé. *Planche III.* — 35

96 — **Bijoux divers**, bracelets, statuette, boucle d'oreilles, chaînette avec un petit cupidon. Motifs ornés, bande de diadème, etc. — 1255
(Lot à diviser.) *Planche III et IV.*

ANTIQUITÉS ÉGYPTIENNES

96 *bis* — AMPOULE en faïence (le goulot manque). Haut., 14 cent.

97 — FIGURINE de la déesse Sekket. Argent. *Planche IV.*

98 — PERSONNAGE accroupi, en calcaire compact, et avec inscription hiéroglyphique. *Planche IV.*

99 — FIGURINE de la déesse Neith. Argent. *Planche IV.*

100 — BUSTE de Sekket en faïence. Haut., 7 cent.

101 — FRAGMENT de chapiteau à tête de Hathor. Haut., 16 cent.

102 — LOT de trois divinités, différentes matières. Haut., 9 cent.

103 — STATUETTE d'une Reine assise. Bois. Haut., 13 cent.

104 — LOT de cinq amulettes en faïence.

105 — STATUETTE d'Osiris debout. Bronze. Haut., 3 cent.

106 — LOT de quatre plaques en pierre avec sujets différents gravés.

107 — LOT de trois pectoraux en pierre gravée avec scarabée. *Planche V.*

108 — LOT de trois amulettes diverses.

SCULPTURES PÉRUVIENNES ET AZTÈQUES

109 — PERSONNAGE assis en terre cuite et AUTRE SEMBLABLE. Mexique.

110 — PERSONNAGE couché. Trois variétés. Mexique.

111 à 113 — Trois statuettes de guerriers, en terre cuite. Péruviens. — 45

114 à 121 — Treize statuettes, en terre cuite, représentant différents sujets. Art aztèque et péruvien. — 145

122 — Groupe en marbre. Haut., 28 cent. — 45

123 — Panoplie composée de fragment d'armes — 150

124 — Un lot d'antiquités diverses. (*A diviser.*)

125 à 128 — Lot de quatre plaques, en terre cuite, à sujets gravés et en relief.

DIVERS

129 — Lot de quatre os et ivoire sculptés. — 40

130 — Lot de quatre cachets divers et une bague. — 120

131 — Lot de trois haches antiques en bronze. — 75

132 — Loup probablement Égyptien. Bronze. — 62

133 — Louve romaine. Bronze *Planche VI.* — 220

134 — Zebu probablement Chinois. Bronze. — 50

135 — Fragment d'os sculpté. (Époque Romaine.) Haut., 7 cent. — 110

136 — Trois serpents en terre cuite. — 35

137 — Statuette en marbre avec inscription Byzantine. Haut., 24 cent.

138 — Personnage couché sur le ventre, la tête entre les mains. Terre cuite. Haut., 30 cent.

MONNAIES GRECQUES

ITALIE[1]

CAMPANIE

139 — **Capoue**. Tête d'Hercule à dr. la massue sur l'épaule. Autour cercle de grenetis. ℟. La louve debout à dr. regardant Romulus et Rémus qu'elle allaite. A l'exergue : ROMANO. (Sambon, 1092. Luynes, 72). AR (7 gr. 3). TB. *Planche VII.*

140 — — Autre pièce. AR (7 gr.) TB.

141 — — Autre pièce. AR (7 gr.) TB.

CALABRE

142 — **Tarente**. Jeune cavalier nu à dr. posant une couronne sur sa tête ; derrière ΣΩ ; sous le cheval ΣΑΛΟ et un chapiteau conique. ℟. ΤΑΡΑΣ. Taras nu à g. chevauchant le dauphin et tenant acrostolium et grenouille. A dr. ΑΝΟ (Luynes 318, v.). AR (6 gr. 5). TB. *Planche VII.*

143 — — Cavalier nu à dr. courant son cheval ; derrière ΣΑ ; sous le cheval ΑΡΣ ΟΛΝ en deux lignes. ℟. ΤΑΡΑΣ Taras nu à g. chevauchant le dauphin et tenant un trépied. Sous le dauphin CΛΣ. (Sambon — Luynes —). AR (6 gr. 7). TB. *Planche VII.*

144 — — Cavalier nu, au galop à dr., brandissant une lance et tenant un bouclier et deux lances ℟. ΙΑΥΙ Taras nu chevauchant le dauphin et tenant une grenouille. A dr. un aigle. Au-dessous volutes figurant les flots. (Hommage à Alexandre le Molosse, roi d'Epire, pour le secours apporté aux Tarentins) (Sambon — Luynes, 300 avers) AR (7 gr. 8) TB. *Planche VII.*

1. SAMBON. *Les Monnaies antiques de l'Italie*, t. I, Paris, 1903. — J. BABELON. *Catalogue de la collection de Luynes*. Italie et Sicile, Paris, 1924.

145 — **Tarente.** Tête d'Athena casquée à dr. ℟. Hercule nu debout à dr. étouffant le lion de Nemée. (Luynes, 325). AR (1 gr. 2). B. (2 pièces).

146 — — Coquillage. ℟. Tête d'homme à g. les cheveux relevés. (Luynes, 387). AR (0 gr. 7). AB.

147 — — Tête d'Athéna casquée à g. ℟. Hercule nu debout à dr. étouffant le lion de Nemée. (Luynes, 434). AR (1 gr.). B (4 pièces).

148 — Avers précédent. ℟. Précédent mais avec Hercule agenouillé (Luynes, 435.) AR (1 gr. 2). B. (7 pièces).

149 — — Autre variété avec Hercule nu debout à g. AR (1 gr) B.

150 — — Tête d'Athéna à g. coiffée d'un casque à panache, orné d'un Scylla. ℟. ΤΑΡΑΝΤΙΝΩΝ. Chouette de face sur un foudre. Dans le champ à dr. ΥΣ. AR (3 gr. 2). B.

LUCANIE

151 — **Metaponte.** ΜΕΤ. Epi de blé. ℟. Incus (Tempus, 461). AR (2 gr. 2). AB.

152 — **Posidonia.** ϟΕΜΟΠ. Poseidon nu à dr. brandissant un trident. ℟. ƎΜΟΠ Taureau à g. AR (7 gr. 9). B. *Planche VII.*

153 — — Autre variété avec ΓΟΜΕΣ. AR (7 gr. 8) AB.

154 — **Thurium.** Tête d'Athéna à dr. casquée avec cimier et couronnée d'olivier. Dans le champ : Α. ℟. ΘΟΥΡΙΩΝ. Taureau à g. la tête baissée. Entre ses jambes une colombe et à l'exergue un poisson (Luynes, 569 var.). AR (6 gr. 4). TB. *Planche VII.*

155 — — Tête d'Athéna à dr. avec couvre-nuque. ℟. Taureau bondissant à dr. En haut : Α. A l'exergue : poisson. AR (7 gr. 9). B. *Planche VII.*

156 — **Velia.** Tête d'Athéna à g. Derrière le cou : Κ. ℟. Lion allant à g. En haut, triskèle entre les lettres Φ. Ι. A l'exergue : ΥΕΛΗΤΩΝ. AR (7 gr. 5). TB. *Planche VII.*

BRUTTIUM

157 — **Bruttium.** Buste de Niké à dr. Derrière la tête une corne d'abondance. ℟. ΒΡΕΤΤΙΩΝ. Dionysos vu de face et debout, se couronnant lui-même et tenant un long sceptre (Luynes, 657). AR (4 gr. 5). AB.

158 — **Caulonia** (550-480). ΚΑΥΛ. Homme nu debout à dr. tenant une palme et, sur le bras gauche, une petite Victoire. A côté de lui, et à dr., un cerf. ℟. Incus. AR (7 gr. 7). TB. *Planche VII.*

159 — **Caulonia**. ΑΥΛΧ. Homme nu debout à dr. tenant palme et sur le bras gauche une petite statue. A côté de lui et à dr. un cerf. ℞. ΑΥΛΧ. Cerf debout à dr. Devant lui plant d'olivier. AR (7 gr. 8). B.

160 — — ΚΑΥ. Homme nu et cerf à dr. M. ΚΑΥΛΩΝΙ-ΞΑΤΑ. Cerf debout à dr. Au-dessus une amphore et sous le ventre le signe Φ. AR (2 gr. 2). AB.

161 — **Terina**. ΤΕΡΙΝΑΙΩΝ. Tête de Nymphe à g. derrière le cou un triskèle. ℞. Niké assise à g. sur un cippe. AR (2 gr. 5). B.

SICILE[3]

162 — **Agrigente**. AKRA. Aigle debout à g. ℞. Crabe. (Luynes, 856). AR (8 gr. 5). TB. *Planche VII.*

163 — — Autre variété. AR (8 gr. 8). AB.

164 — **Gela**. CEV. Protome de taureau androcéphale à dr. ℞. Quadrige à dr. (Luynes, 94). AR (17 gr. 4). TB.

165 — **Leontinium**. Tête d'Apollon à dr. (grattée). ℞. LEONTINON. Tête de lion à dr. la gueule béante, entourée de grains d'orge. AR (16 gr. 4). AB.

166 — **Messana**. Bige de mules au pas, à dr. survolé par une Victoire. A l'exergue : feuille de laurier avec baie. ℞. ΜΕΣΣΕΝΙΟΝ. Lièvre courant à dr. (Luynes, 1012 v.). AR (17 gr.). B. *Planche VII.*

167 — — Bige de mules au pas, à g. A l'exergue : deux dauphins. ℞. Lièvre courant à dr.; au-dessous un dauphin. (Luynes, 1017 v.) AR (16 gr. 5). AB.

168 — **Syracuse**. ΣΥΒΑΚΟΣΙΟΝ. Tête d'Aréthuse à dr. les cheveux retenus en bourse par un rang de perles. ℞. Quadrige au pas à dr. les chevaux couronnés par une Victoire. (Luynes, 1151 v.). AR (17 gr. 3). TB. *Planche VII.*

169 — — Tête d'Aréthuse à g. entourée de dauphins. ℞. Quadrige allant à g. couronné par une Victoire volant à dr. (Du Chastel, 96 v.). AR (16 gr. 5). TB. *Planche VII.*

170 — — Tête d'Aréthuse à g. entourée de dauphins. ℞. Quadrige à g. Au-dessus un triskèle. A l'exergue : ΣΥΡΑΚΟΣΙΩΝ. et monogramme : ꟿ. (Du Chastel, 97, Luynes, 1318 v.) AR (16 gr. 3). TB. *Planche VII.*

3. Du Chastel de la Howardries. *Syracuse. Ses monnaies au point de vue artistique.* Londres, 1898.

171 — **Syracuse**. Tète de Philistis à g. ℞. ΒΑΣΙΛΙΣΣΑΣ ΦΙΛΙΣΤΙΔΟΣ. Quadrige allant à dr. Au-dessus un croissant et sous les pattes des chevaux, un épi de blé. (Du Chastel, 110 var.). AR (13 gr. 5). TB. *Planche VII.*

172 — — Tète d'Aréthuse à g. entourée de cinq dauphins. Devant le menton un globule et derrière la nuque ✕. ℞. Quadrige allant à g. couronné par la Victoire. A l'exergue : attributs guerriers. (Du Chastel, 144 var.). AR (43 gr. 2). TB. **Rare.** *Planche VII.*

173 — — Tète de Pallas à dr. avec casque à cimier ℞. ΣΥΡΑΚΟΣΙΩΝ. Pégase ailé volant à gauche. Au-dessous le triskèle. (Luynes, 1280 var.). AR (13 gr.). TB.

CHALCIDIQUE

174 — **Acanthe**. Protome de taureau agenouillé à g. regardant en arrière ; au-dessous une petite feuille. ℞ Carré creux quadripartit. AR (2 gr. 5). B.

MACÉDOINE [4]

175 — **Philippe II, roi** (359-336). Tête laurée d'Apollon à dr. ℞. ΦΙΛΙΠΠΟΥ. Bige au galop à dr. conduit par un personnage tenant le fouet. Sous les chevaux un trident. (M., 59, Amphipolis). OR (8 gr. 7). AB. *Planche VII.*

176 — — Même pièce. Sous les chevaux une amphore. (M. 108. Mende.) OR (8 gr. 7). TB. *Planche VII.*

177 — — Même pièce sous les chevaux, une abeille et à l'exergue : fer de lance. (M., 176. Cardia). OR (8 gr. 7). TB. *Planche VII.*

178 — — Tète de Zeus laurée à dr. les chevaux tombant sur la nuque. ℞. ΦΙΛΙΠΠΟΥ. Cavalier nu au pas à dr. tenant une longue palme. Sous le cheval : abeille et proue de navire. (M. 196. Melitae). AR (14 gr. 4). TB. *Planche VII.*

179 — **Alexandre le Grand** (336-323). Tète d'Athéna à dr. coiffée du casque corinthien. ℞. ΑΛΕΞΑΝΔΡΟΥ. Niké debout à g. tenant stylis et couronne. Dans le champ les lettres ◄ et Α. OR (8 gr. 5). B.

180 — — Même pièce avec la lettre T. (M., 1796. Cilicie). OR (8 gr. 6). TB. *Planche VII.*

4. Muller (L.). *Numismatique d'Alexandre le Grand.* Copenhague, 1855.

181 — **Alexandre-le-Grand** (336-323). Tête d'Héraclès imberbe à dr. coiffé de la peau du lion. ℞. ΑΛΕΞΑΝΔΡΟΥ. Zeus aétophore demi-nu assis à g. tenant un sceptre. Devant, proue de navire (M., 744. Macédoine, Thessalie et Thrace.)
AR (17 gr. 2). TB. *Planche VII.*

182 — —. Autre variété. ℞ avec lettres : B et AI. AR (17 gr. 2). B.

183 — — Autre variété. ℞ avec monogramme [monogramme] et [monogramme]. AR (17 gr. 3). B.

184 — — Autre variété. (M., 1456 v. Tyr). AR (16 gr.). TB.

185 — — Autre variété. (M., 1427 v. Tyr). AR (17 gr.). TB.

186 — **Philippe III Aridée** (323-316). Tête d'Héraclès imberbe à dr. coiffée de la peau du lion. ℞. ΑΛΙΠΠΟΥ. Zeus aétophore assis à g. (*Style décadent.*)
AR (17 gr. 3). B. *Planche VII.*

PEONIE

187 — **Patraos** (340-315). Tête virile imberbe à dr. avec les cheveux courts. ℞. ΠΑ ΤΡΑΟΥ. Cavalier cuirassé et casqué, galopant à dr. terrassant de sa lance un ennemi qui se protège de son bouclier. AR (12 gr. 5). TB. *Planche VII.*

188 — **Audoléon** (315-286). Tête d'Athéna presque de face, coiffée du casque athénien. ℞. ΑΥΔΩΛΕ. Ν Τ. Ζ. Cheval bridé au pas. Sous le ventre : [monogramme]
AR (12 gr. 6). TB.

DOMINATION ROMAINE EN MACÉDOINE

189 — — Bouclier macédonien avec ornements et au centre le buste d'Artemis. ℞. ΜΑΚΕΔΟΝΩΝ ΠΡΩΤΗΣ. Une Massue. Monogrammes : [monogrammes]. Le tout entouré d'une couronne de chêne. A g. un foudre. AR (16 gr. 5). TB.

190 — **Æsillas**, *Questeur* (92-98). ΜΑΚΕΔΟΝΩΝ. Tête d'Alexandre-le-Grand à dr. les cheveux flottants. ℞. Dans une couronne de chêne : AESILLAS Q. Massue entre un coffret rond et une chaire questoriale. AR (16 gr. 7). TB. *Planche VIII.*

THRACE (5)

191 — **Thasos** (550-463). Satyre sur ithyphallique à demi agenouillé emportant dans ses bras une nymphe drapée. ℞. Carré creux quadrapetit. (Bab. I, 1746).
AR (9 gr. 6). B.

5. BABELON (E.). *Recueil général des monnaies grecques.* Paris.

192 — **Thasos** (146). Tête de Dyonisos imberbe à dr. diadémé et couronné de lierre, les cheveux en torsade. ℞. ΗΡΑΚΛΕΟΥΣ. ΣΩΤΗΡΟΣ ΘΑΣΙΩΝ. Héraclès nu debout de-face à g., la peau de lion sur le bras, et tenant une massue. Dans le champ, la lettre M. AR (17 gr.). TB. *Planche VIII.*

193 — — La même pièce. AR (16 gr. 8). B.

194 — La même pièce. AR (15 gr.). B.

195 — — La même pièce. AR (16 gr. 5). B.

196 — — La même pièce. AR (16 gr. 8). B.

197 — — La même pièce. AR (16 gr. 2). AB.

198 — — La même pièce. AR (17 gr.). AB.

199 — — La même pièce. AR (16 gr. 8). B. (2 pièces.)

200 — — Autre variété avec monogramme AA. AR (17 gr.). B.

201 — Autre variété avec monogramme M. A. AR (16 gr. 8). B. *Planche VIII.*

202 — - Autre variété avec monogramme ΔΙ. AR (16 gr. 8). AB.

203 — — Autre variété avec monogramme ΛΝ. AR (16 gr. 8). TB.

204 — **Lysimaque** (323-281). Tête divinisée d'Alexandre-le-Grand cornue et diadémée à dr. ℞. ΒΑΣΙΛΕΩΣ ΛΥΣΙΜΑΧΟΥ. Athéna nicéphore drapée et casquée assise à g. appuyée contre un bouclier. Dans le champ monogramme ΑΓ et massue. A l'exergue : carquois avec son arc et un monogramme. AR (18 gr.). B.

THESSALIE

205 — **Larissa**. Tête de nymphe de face, les cheveux flottants. ℞. ΛΙΩΝ. Cheval paissant à dr. A l'exergue : légende rognée. AR (10 gr. 7). AB. (percé).

206 — **Pharsale** (480-344). Tête d'Athéna à dr. casquée. ℞. ΦΑR. Tête et cou de cheval à dr. Le tout dans un carré. AR (2 gr. 8). AB.

207 — **Tricca** (480-400). Thessalos nu courant à dr. et tenant en laisse un protome de taureau. ℞. TRIKA. Protome de cheval au galop. AR (2 gr. 7). B.

ILLYRIE

208 — **Corcyre**. Vache debout à dr. allaitant un veau. Au-dessus un soleil. ℟. K. P. Double carré linéaire contenant deux rectangles avec dessin floral. Au-dessus globule et au-dessous fer de lance. AR (10 gr. 5). TB. *Planche VII.*

209 — **Dyrrachium** (229-100). ΛΕΩΝΙΔΑΣ. Vache debout à dr. allaitant son veau. A l'exergue : emblème peu visible. ℟. ΔΥΡ ΔΥ ΣΙΩ ΝΟΣ. Même carré que ci-dessus. AR (3 gr.). B.

ATTIQUE

210 — **Athènes**. (style archaïque). Tête d'Athéna casquée à dr. ℟. ΑΘΕ. Chouette de face et branche d'olivier. AR (16 gr. 8). AB. (cisaillée).

211 — Autre pièce. AR (17 gr. 2) AB. (cisaillée).

212 — — Autre pièce. AR (17 gr. 2). B.

213 — — Autre pièce. AR (17 gr.). B.

214 — — Autre pièce. AR (16 gr. 4). B.

215 — — Autre pièce. AR (17 gr. 1). AB (rognée).

216 — — Autre pièce. AR (17 gr. 2). AB.

217 — — Tête d'Athéna à dr. avec casque à aigrette. ℟. Chouette de face entourée d'une branche d'olivier. De chaque côté les lettres Ǝ O. AR (2 gr.). B.

218 — — (Nouveau style). **Achaïos Heli**. Tête d'Athéna à dr. avec casque à aigrette. ℟. ΑΘΕ. ΑΧΑ. ΠΑΛΙ. ΙΟΣ. ΑΠΟ. ΛΟΔΟ. Chouette debout de face sur une amphore portant la lettre K. A g. corne d'abondance et épis. A l'exergue : ΔΙ. AR (16 gr. 7). TB. *Planche VIII.*

EGINE

219 — **VIIe siècle**. Tortue marine avec rangée de globules sur la carapace ℟. Carré creux avec cinq dépressions triangulaires. AR (12 gr. 3). B.

220 — — Autre variété à carapace lisse ℟. Carré creux. AR (2 gr. 8). AB.

CORINTHE ET CROTONE

221 — **Ve siècle.** Pégase bridé volant à gauche. Sous les pattes ΦϘ. ℞. ΟΡϘ sur une base perlée. Trépied au-dessus duquel trois cercles. AR (1 gr. 2). B. *Planche VIII.*

PÉLOPONÈSE

222 — **Phlionte** (360-322). Taureau fonçant à dr. ℞. Φ accosté de quatre globules. Le tout dans un carré creux. (Bab. III, 718). AR (2 gr. 7). B.

ACHAIE

223 — **Aegium.** ΑΙΓΙΕΩΝ. Tête de Jupiter à dr. ℞. ΑΓΙ·ΣΤΟ ΔΑΜΟΣ autour d'un monogramme achéen. Le tout dans une couronne. AR (2 gr. 3). B

224 — **Pellene.** Tête de Jupiter à dr. ℞.Α.Π.ΛΕΥ en monogramme et trident autour du monogramme achéen. Le tout dans une couronne. AR (2 gr. 3). B.

ASIE MINEURE

PONT[6]

225 — **Mithridate VI Eupator, dit le Grand** (120-63). Tête diadémée à dr., les cheveux retombant sur la nuque. ℞. ΒΑΣΙΛΕΩΣ ΜΙΘΡΑΔΑΤΟΥ ΕΥΠΑΤΟΡΟΣ. Cerf paissant à g. Dans le champ à g. croissant surmonté d'une étoile et à dr. ΠΕ. (Br. M., n° 3, var.). AR. (5 gr. 7). TB. *Planche VIII.*

226 — **Sauromates II** (172-211). ΒΑCΙΛΕѠC CΑΡΟΜΑΤΟΥ. Buste à dr. diadémé. ℞. Tête de Septime Sévère à dr. Dans le champ, étoile et au-dessous : ΘΠΥ. OR. TB. *Planche VIII.*

PAPHLAGONIE

227 — **Sinope.** Tête de la nymphe Synopé à g. ℞. ΣΙΝΩ ΑΓΡΕΩ. Aigle sur un dauphin à g. (Br. Mus., 11). AR (4 gr. 8). A

6. BRITISH MUSEUM. *Pont, Paphlagonie, Bythinie et royaume du Bosphore.* Londres, 1889.

228 — **Sinope**. Aplustre dans le champ à g. ℞. Précédent et monogramme PI.
AR (5 gr. 7). AB.

229 — Autre variété avec légende ΑΣΤΥΟ entre l'aigle et le dauphin (Br. M., 14).
AR (5 gr. 3). AB. (cisaillé.)

BITHYNIE

230 — **Calchedon** (412-394) ΚΑΛΧ. Taureau debout à g. sur un épi de blé. ℞. Carré creux en ailes de moulin. (Br. M., 4). AR (5 gr. 3). B. *Planche VIII.*

231 — — Taureau debout à g. Devant un caducée. ℞. Précédent. (Br. M., 14).
AR (3 gr. 5). AB.

232 — **Cius** (330-302). Tête laurée d'Apollon à dr. ℞. Proue de galère à g. En haut et en bas ΠΡΟΞ ΕΝΟΣ. (Br. M., 11). AR (2 gr. 4). AB.

233 — **Nicomède III,** *Roi* (120-92). Tête imberbe et diadémée à dr. ℞. ΒΑΣΙΛΕΩΣ ΕΠΙΦΑΝΟΥΣ ΝΙΚΟΜΗΔΟΥ. Zeus demi-nu à g. s'appuyant sur un spectre et tenant une couronne. Dans le champ aigle et monogrammes. ΔΞΡ. (Br. M., 64). AR (15 gr 6). B.

MYSIE

234 — **Pergame. Philétaire** (284-263). Tête de Seleucus I diadémé à dr. ℞. ΦΙΛΕΤΑΙΡΟΥ. Athena casquée assise à g. appuyée contre un bouclier et levant le bras. Derrière elle un arc, dans le champ grappe de raisin et lettre Α. (Br. M., 284). AR (16 gr. 3). AB.

235 — **Octavie et Marc Antoine**. M. ANTONIVS IMP. COS DESIG. ITER ET TERT. Tête de Marc à dr. ℞. III. VIR R. P. C. Tête d'Octavie à dr. au-dessus de la ciste mystique, autour de laquelle s'entrelacent deux serpents. (Coh., 2). AR. Médaillon.

236 — — Même légende. Les deux bustes accolés à dr. ℞. III. VIR. R. P. C. Bacchus habillé en femme, tenant vase et thyrse, debout à g. sur la ciste mystique, autour de laquelle s'entrelacent deux serpents (Coh., 3). AR. Médaillon.

EOLIDE

237 — **Cymé** (après 190). Tête de Cymé à dr. ℞. ΚΥΜΑΙΩΝ. Cheval bridé au pas à dr. A ses pieds une coupe à anse. A l'ex. : ΜΗΤΡΟΦΑΝΗΣ. (Br. M., 74). AR (16 gr. 2). TB.
Planche VIII.

IONIE[7]

238 — **Ephèse** (202-133). ΕΦ. Abeille vue de dos. ℟. Cerf debout à dr. devant un palmier. Dans le champ à dr. ΟΚΡΑΤΙΔΗ. AR (4 gr. 2) TB. — 51

239 — **Milet** (478-390). Gueule de lion ouverte à g. ℟. Dessin floral incus. (Br. M., 34). AR (0 gr. 9). AB (3 variétés). — 3

CARIE[8]

240 — **Rhodes** (304-166). Tête d'Hélios de face, les cheveux flottants. ℟. ΤΙΜΟΘΕΟΣ ΡΟ. Rose avec un bouton à dr. A g. un petit silène. (Br. M., 150). AR (6 gr. 3). TB. *Planche VIII.* — 140

PAMPHYLIE

241 — **Aspendos** (400-300). Deux lutteurs se tenant par les poignets. Entre les jambes, Π. ℟. ΕΣΤΓΕΔΙΙΥ. Frondeur à dr. vêtu d'une tunique courte. A dr. triskèle. AR (10 gr. 8). FDC. *Planche VIII.* — 235

CILICIE

242 — **Tarse.** ΑΥΤ ΚΑΙ ΘΕ ΤΡΑΙΙΑΡΥΘϹΝΕ ΡΥΙΤΡΑΙ ΑΔΡΙΑΝΟϹϹΕ. Buste lauré d'Adrien à dr. ℟. ΤΑΡϹΕ ΩΝ ΜΗΤΡΙΙΟΛΕΩϹ. Lion dévorant un taureau. (Br. M., 149). AR. Médaillon. *Planche VIII.* — 40

243 — **Monnayage des généraux d'Alexandre, Seleucus I** (321-306). Baaltars assis à g. sur un trône tenant un sceptre. ℟. Lion passant à g. Au-dessus une ancre couchée. (Bab. II, 790). AR (15 gr. 8). B. *Planche VIII.*

GALATIE

244 — **Amyntas** (36-25). Tête casquée d'Athéna à dr. Derrière ΑΔ. ℟. ΒΑΣΙΛΕΩΣ ΑΜΥΝΤΟΥ. Niké marchant à g. tenant un sceptre et sa robe. Dans le champ ΙΒ. AR (15 gr. 8). TB. *Planche VIII.* — 200

et 245

7. British Museum. *Catalogue of the Greek Coins of Ionia*, Londres, 1892.
8. British Museum. *Catalogue of the Greek Coins of Caria, Cos, Rhodes*, Londres, 1897.

CAPPADOCE

245 — **Eusebia Caesarea.** ΑΥ ΚΑΙ Μ. ΑΥΡΗΛΙ ΑΝΤΩΝΙΝΟϹ. Tête de Caracalla à dr. ℞. ΜΗΤΡΚΑΙϹΥ. Le Mont Argée surmonté d'une étoile. A l'ex. : ΓΤΙΔ. AR (3 gr. 3). B.

SYRIE[1]

246 — **Antiochus I Soter** (281-261). Tête diadémée à dr. ℞. ΒΑΣΙΛΕΩΣ ΑΝΤΙΟΧΟΥ. Apollon assis sur un amphalos. Dans le champ deux monogrammes. (Bab., 113 var.). AR (15 gr. 5). TB. *Planche VIII.*

247 — **Antiochus III le Grand** (222-187). Tête diadémée à dr. ℞. Sujet précédent avec ΔΙ dans le champ. AR (16 gr. 5). TB. *Planche VIII.*

248 — **Seleucus IV Philophator** (187-175). Tête diadémée à dr. ℞. ΒΑΣΙΛΕΩΣ ΣΕΛΕΥΚΟΥ. ℞. Sujet précédent. (Bab., 477 v.). AR (3 gr. 8). AB.

249 **Antiochus IV Epiphane** (175-164). Tête diadémée à dr. ℞. ΒΑΣΙΛΕΩΣ ΑΝΤΙΟΧΟΥ. Sujet précédent. (Bab., 520 v.). AR (3 gr. 8). AB.

250 — **Antiochus VII Evergète** (138-129). Tête diadémée à dr. ℞. ΒΑΣΙΛΕΩΣ ΑΝΤΙΟΧΟΥ ΕΥΕΡΓΕΤΟΥ. Athéna Parthénos debout à dr. Dans le champ ⩚ et lettres ΤΑ. (Bab., 1153). AR (15 gr. 8). B. *Planche VIII.*

251 — Autre pièce avec les mêmes monogrammes et lettres. AR (16 gr.). AB.

252 — Autre pièce avec le même monogramme et lettres TI ⩚. AR (15 gr. 8). (*Trouée*).

253 — Autre pièce avec lettre Δ. AR (16 gr.).

254 — Autre pièce avec autre monogramme. AR (16 gr. 2). TB. *Planche VIII.*

255 — Tête diadémée à dr. ℞. ΒΑΣΙΛΕΩΣ ΑΝΤΙΟΧΟΥ ΕΥΕΡΓΕΤΟΥ. Victoire marchant à g. tenant une couronne de la main dr. et de l'autre les plis de sa robe. AR (3 gr. 9). TB. *Planche VIII.*

256 — **Antiochus VIII Grypus** (125-96). Tête diadémée à dr. ℞. ΒΑΣΙΛΕΩΣ ΑΝΤΙΟΧΟΥ ΕΠΙΦΑΝΟΥΣ. Zeus Ouranios debout à g. tenant un astre et un sceptre. Dans le champ monogrammes et à l'exergue la date ΓϘΡ. (Bab. 1380 v.). AR (16 gr. 4). TB. *Planche IX.*

257 — Autre pièce avec la lettre M dans le champ. (Bab., 1409). AR (16 gr. 4). TB. *Planche IX.*

(1) BABELON. *Les rois de Syrie, d'Arménie et de Commagène*, Paris, 1890.

258 — **Philippe Philadelphe** (92-83). Tète diadémée à dr. ℞. ΒΑΣΙΛΕΩΣ ΦΙΛΙΠΠΟΥ ΕΠΙΦΑΝΟΥΣ ΦΙΛΑΔΕΛΦΟΥ. Zeus assis à g. sur un trône tenant Victoire et sceptre. (Bab., 1546). AR (14 gr. 8). B.

259 — **Tigrane I le Grand** (97-56), roi d'Arménie. Buste coiffé de la tiare à dr. ℞. ΒΑΣΙΛΕΩΣ ΤΙΓΡΑΝΟΥ. La Fortune d'Antioche assise sur un rocher à dr. et tenant une palme. A ses pieds le génie de l'Oronte. (Bab., 8). AR (14 gr. 5).

260 — Autre pièce. AR (15 gr.). (*Trouée.*)

PHÉNICIE

261 — **Sidon**. Galère phénicienne à un rang de rameurs voguant à g. sur les flots. ℞. Artaxerces I debout à g. dans un char et accompagné de son aurige. Derrière le char marche un Égyptien. AR (24 gr. 8). TB. *Planche IX.* — 50

262 — **Tyr**. Buste lauré de Melkarth à dr., la peau de lion nouée sous le menton. ℞. ΤΥΡΟΥΙΕΡΑΣ ΚΑΙΑΣΥΛΟΥ. Aigle à g. debout sur une massue et tenant une palme transversale sous ses ailes. Dans le champ lettres PII' KP ϖ et entre les pattes ϿΘ. AR (14 gr.). B. — 16

262 *bis* — Autres pièces avec lettres ΙΔ et massue et entre les pattes ΣΔΒ. AR (7 gr.). B. (2 pièces.)

ROIS PARTHES[10]

263 — **Mithradates II** (123-88 av. J.-C.). Buste diadémé du roi à dr. ℞. Le roi assis à dr. sur l'omphalos et tenant un arc. (Br. M., 20). AR (3 gr. 9). TB. *Planche IX.*

264 — — Autre pièce buste avec tiare à g. (Br. M., 107). AR (4 gr.). TB. *Planche IX.*

265 — **Orodes I** (57-37). Buste à g. accosté de 2 étoiles et d'un croissant. ℞. Semblable au précédent. (Br. M., 184). AR (3 gr. 8). TB. *Planche IX.*

266 — **Phrates IV** (37-3). Buste à g. et aigle à dr. ℞. Semblable au précédent. (Br. M., 71). AR (3 gr. 6). AB.

267 — **Volagase I** (51-61 après J.-C.). Buste tiaré à g. ℞. Semblable au précédent. (Br. M., 67). AR (4 gr. 8). TB. (2 pièces.) *Planche IX.*

268 — — Trois autres variétés. AR. B.

269 — **Vardanes II** (56-58). Même type. (Br. M., 3). AR (4 gr.). B. (2 pièces.)

270 — **Volagase II** (77-78). Buste tiaré à g. ℞. Semblable au précédent (Br. M., 36). AR (4 gr.). B.

271 — **Mithradates IV**. Même type. (B. M., 53). AR (4 gr.). B.

10. British Museum. *Les Rois Parthes*, Londres, 1903.

LYDIE[11]

272 — **Sardes**. Têtes de lion et de taureau affrontées. ℞. Carré creux long divisé en deux parties. OR (7 gr. 8). TB. *Planche IX*.

ROIS PERSES [11]

273 — **Darius I** (521-485). Le roi en archer à demi agenouillé à dr. tenant l'arc de son bras tendu et de l'autre une haste transversale. ℞. Carré creux à formes irrégulières. (Bab., 1 var.). OR (8 gr. 2). TB.

274 — **Darius II** (425-405). Même type. (Bab., 64). OR (8 gr. 27). TB. *Planche IX*.

275 — **Artaxerxes III** (359-338). Même type (Bab., 108 v.). OR (8 gr. 2). TB. *Planche IX*.

276 — **Darius III** (337-330). Même type (Bab., 126). AR (5 gr. 5). AB.

277 — — Autre variété (Bab., 130). AR (5 gr. 3). AB.

ROIS DE LA BACTRIANE[12]

278 — **Antialkides** (135 av. J.-C.). ΒΑΣΙΛΕΩΣ ΝΙΚΗΦΟΡΟΥ ΑΝΤΙΑΛΚΙΔΟΥ. Buste à dr. ℞. (Maharajasa Jayadharasa Atialikitasa). Les Bonnets des Dioscures. (Wils. Pl. II, 14). Cuivre carré. B. *Planche IX*.

279 — **Menandre** (126). ΒΑΣΙΛΕΩΣ ΕΩΤΗΡΟΣ ΜΕΝΑΝΔΡΟΥ. Buste à dr. ℞. (Maharajasa Tadatasa Minadasa). Minerve debout à g. lançant javelot. (Wils., p. III, 14). AR (2 gr. 3). B.

280 — — Buste casqué à dr. ℞. Précédent. (Wils., III 15). AR (2 gr. 8) TB.

281 — **Azès** (50). ΒΑΣΙΛΕΩΣ ΒΑΣΙΛΕΩΝ ΜΕΓΑΛΟΥ ΑΖΟΥ. Le roi à cheval à dr. tenant un étendard. ℞. (Maharajasa Rajarajasa Mahatasa Ayasa). Pallas debout à dr. tenant bouclier et haste. Dans le champ monogrammes. (Wils., VI, 13). AR (2 gr. 3). FDC. *Planche IX*.

11. Babelon. *Les Perses Achéménides, Cypre et Phénicie*. Paris, 1893.
12. Wilson. *Antiquities and Coins of Afghanistan*. Londres, 1841.

ROIS INDO-SCYTHES (12)

282 — **Goerki**, prince de Kaboul. PANO NNO PAO OOHPKI KOPANO. Buste du roi nimbé et diadémé à g. tenant sceptre et lance. ℞. APATOKPO. Figure debout à g. tenant corne d'abondance. Dans le champ à g. un monogramme. (Wils., XIV, 5). OR (7 gr. 8) TB. *Planche IX.* — 170

283 — **Baraoro Varahoo**. POO NO POO BO(P)OOPO KOB(P)OPO. Le roi debout à g., nimbé et casqué tenant lance et sacrifiant devant un autel. ℞. OKPO. Siva nimbée debout à g. tenant un trident. Derrière elle un taureau. Dans le champ à g. monogramme. (Wils., XIV, 12, var.). OR (7 gr. 7). TB. *Planche IX.* — 225

284 — **Ardokro**. ...PKO KOPANO. Figure debout à g. avec tunique et tiare tenant sceptre et trident posé sur un autel. ℞. PAOKPO. Femme assise sur un trône dont le dossier est nimbé. Elle tient une corne d'abondance et étend la main gauche. (Wils., XIV, 19). OR (7 gr. 7). TB. — 155

ROIS SASSANIDES (13)

285 — **Artaxerces I**. Buste à dr. ℞. Feu sacré sur un autel. (Bart., I, 8.)
Varahrane I. Buste à dr. ℞. Feu sacré gardé par deux guerriers. (B., III, 6 et 7.) AR (3 pièces.) — 40

286 — **Varahane II**. Bustes accolés à dr. et un troisième de face. ℞. précédent (B., IV, 9 et 17). AR (2 pièces.) *Planche IX.*

287 — **Narses**. Buste à dr. ℞. Précédent. (B., V, 5.) **Sapor I**. (B., II, 14 et 15.)
Hormidias II. (B., VI, 5 et 9.) **Sapor II**. (B., VI, 12 v. et 14.) AR (9 pièces. *Planche IX.*

288 — **Varahran IV**. (B., X, 2.) **Iezdigerd I**. (B., XI, 5.) **Varahran V**. (B., XII, 10 v.) AR (7 pièces.) — 50

289 — **Iezdegerd II**. (B., XIII.) **Pirouz**. (B., XV, 30).) **Cavades**. (B., XVII, 8). AR (5 pièces.)

290 — **Cosroes I**. (B., XXII, 13). AR (2 pièces.)

291 — **Cosroes II**. (B., XXVIII.) AR (16 pièces.) *Planche IX.* — 39

292 — **Artaxerces III**. (B., XXXI.) **Tezdegerd III**. (B., XXXI.) AR (3 pièces.)

13. Bartholomaei et Dorn. *Collection de Monnaies Sassanides*. Saint-Pétersbourg, 1873.

ÉGYPTE[14]

293 — **Ptolémée I Soter** (323-284). Tête d'Alexandre-le-Grand à dr. ℟. ΑΛΕΞΑΝΔΡΟΥ. Pallas debout à dr. combattant. Dans le champ monogrammes et aigle. (Br. M., 24). AR (15 gr. 3). B. *Planche IX.*

294 — — Tête du roi diadémée à dr. ℟. ΠΤΟΛΕΜΑΙΟΥ ΒΑΣΙΛΕΩΣ. Aigle regardant à g. sur un foudre. Dans le champ monogrammes. (Br. M., 84 var.). AR (14 gr.). B. *Planche X.*

295 — — Autre pièce avec autres monogrammes. (Br. M., 90 var.). AR (14 gr.). B. *Planche X.*

296 — **Ptolémée I et Ptolémée II** (305-284). Tête à dr. ℟. Aigle regardant à g. sur un foudre. OR (17 gr. 5). TB. *Planche X.*

297 — **Ptolémée II Philadelphe** (284-247). Tête à dr. ℟. Aigle. Dans le champ monogramme ΣΙ. (Br. M., 32). AR (13 gr. 7). AB. *Planche X.*

298 — **Ptolémée II et Arsinoë et Ptolémée I et Bérénice**. ΑΔΕΛΦΩΝ. Têtes accolées à dr. ℟. ΘΕΩΝ. Têtes accolées à dr. (Br. M., 1 var.). OR (32 gr. 7). TB. *Planche X.*

299 — — Autre pièce. OR (13 gr. 2). TB. *Planche X.*

300 — **Arsinoe Philadelphe**. Tête voilée et diadémée à dr. Derrière lettre I. ℟. ΑΡΣΙΝΟΗΣ ΦΙΛΑΔΕΛΦΟΥ. Double corne d'abondance. (Br. M., 10 var.). OR (27 gr. 7). TB. *Planche X.*

301 — — Autre pièce avec signe A. (Br. M., 15). AR (35 gr. 5). TB. *Planche X.*

302 — — La même pièce avec le signe Y. (Br. M., 18). AR (32 gr.).

303 — **Ptolémée VIII. Energetes** (170-117). Tête à dr. ℟. Aigle sur foudre. (Br. M., 91). AR (13 gr. 7). B. *Planche X.*

304 — **Ptolémée X. Soter II** (117-81). Tête à dr. ℟. Aigle sur foudre. (Br. M., 16). AR (14 gr. 5). TB. *Planche X.*

305 — — Autre pièce. (Br. M., 6). AR (13 gr. 8). TB. *Planche X.*

14. British Museum. *The Ptolémée Kings of England.* Londres, 1883.

306 — **Ptolémée X. Soter II** (117-81). Autre pièce (Br. M., 9). AR (13 gr. 4). TB. *Planche X.*

307 — — Autre pièce avec une corne d'abondance à g. devant l'aigle. AR (14 gr. 2). TB. *Planche X.*

308 — **Ptolémée XIII** (81-52). Tête à dr. ℞. Aigle sur foudre. (Comp. Br. M., 17). AR (14 gr.). TB. *Planche X.*

309 — **Claude et Messaline.** ΤΙ. ΚΛΑΥΔΙ. ΚΑΙΣ. ΣΕΒΑ. ΓΕΡΜΑΝΙ ΑΥΤΟΚΡ. Tête laurée de l'Empereur à dr. ℞. ΜΕΣΣΑΛΙΝΑ ΚΑΙΣ ΣΕΒΑΣ. Messaline debout à g. tenant des épis et deux statuettes. AR (12 gr. 5). B.

310 — **Néron et Agrippine.** ΝΕΡ. ΚΛΑΥ. ΚΑΙΣ. ΣΕΒ. ΓΕΡ. ΑΥΤΟ. Tête laurée de Néron ieune. ℞. ΑΓΡΙΠΠΙΝΑ ΣΕΒΑΣΤΗ. Buste à dr. AR (14 gr.). AB.

CYRÉNAIQUE

311 — (323-305). ΚΥ. ΧΑΙΡΙΟΣ (légende rétrograde). Zeus aëtophore assis à g., le bras appuyé au dossier de son trône. ℞. ΚΥΡΑΝΑΙΟΝ. La nymphe Cyrène debout dans un quadrige allant à dr. et éclairé par le soleil. (Bab., III, 1841). OR (8 gr. 7). TB. *Planche X.*

ZEUGITANIE [15]

312 — **Monnayage Siculo-Punique** (410-310). Tête d'Aréthuse à dr. entourée de dauphins. Derrière le cou une grenade. ℞. Cheval marchant à dr. devant un palmier. (Mul., n° 43). AR (17 gr. 1). TB. *Planche X.*

313 — — Tête d'Aréthuse? à g. entourée de dauphins. ℞. Buste de cheval à g.; derrière un palmier. (Muller, 15). AR (17 gr. 1). TB. *Planche X.*

314 — **Carthage.** Tête de Cérès à g. ℞. Cheval debout à dr. (Mul., 48). OR (7 gr. 3). TB. *Planche X.*

315 — — La même pièce. OR (7 gr. 3). TB.

316 — — Tête de Cérès à g. ℞. Cheval à dr. sous un soleil rayonnant. AR (3 gr. 5). TB. *Planche X.*

NUMIDIE

317 — **Juba I** (60-46). Buste diadémé du roi à g. ℞. (Juba rex). Temple à huit colonnes. (Mul., p. 42). AR (3 gr. 8). B. *Planche X.*

15. MULLER. *Numismatique de l'Ancienne Afrique.* Copenhague, 1860.

MONNAIES ROMAINES CONSULAIRES[16]

318 — **Romano-Campanienne**. Tête laurée et imberbe de Janus. ℞. ROMA en lettres incuses. Jupiter debout lançant la foudre et tenant sceptre, conduisant un quadrige allant à dr. Derrière lui, une petite Victoire. (Bab., 23). AR. TB. *Planche XI.*

319 — Tête casquée de Mars barbu à dr. Derrière le cou les lettres LX (soixante sesterces). ℞. ROMA. Aigle aux ailes déployées debout sur un foudre et tourné à dr. (Bab., 29). OR. TB. **Rare**. *Planche XI*

320 — **Cassia**. C. CASSI IMP. Tête laurée de la Liberté à dr. ℞. M. SERVILIVS LEG. Acrostolium. (Bab., 20). OR. TB. **Très rare**. *Planche XI.*

321 — **Claudia**. Tête radiée du Soleil à dr. Derrière un carquois. ℞. P. CLODIVS MF. Croissant lunaire entouré de cinq étoiles. (Bab., 16). OR. TB. **Rare**. *Planche XI.*

321 *bis* — **Junia**. BRUTVS. Tête nue à dr. de Junius Brutus l'ancien. ℞. AHALA. Tête nue à dr. de Servilius Ahala (Bab., 30). AR. FDC.

322 — **Munatia**. C. CAESAR DIC. TER. Buste ailé de la Victoire à dr., sous les traits de Calpurnia femme de César. ℞. L. PLANC. PR. VRB. Traefericulum ou vase à sacrifice. (Bab., 1). OR. AB.

ROMAINES IMPÉRIALES[17]

323 — **Jules César** (100-44 avant J.-C.). C. CAESAR. COS. TER. Tête vieille de la Piété voilée à droite. ℞. A. HIRTIVS PR. Bâton d'augure, vase à sacrifice et hache (Coh., 3). OR. B.

324 — —. Autre pièce. OR. AB.

325 — — Tête diadémée de Vénus à dr. ℞. CAESAR. Enée portant Anchise et le palladium (Coh., 12). AR. TB. (2 pièces.)

16. BABELON E. *Description historique et chronologique des Monnaies de la République romaine, appelées consulaires.*. Paris, 1885.

17. COHEN. *Description des monnaies frappées sous l'Empire romain*. Paris (2e édition), 1880.

326 — CAESAR. Eléphant marchant à dr. ℟. Instruments de sacrifice (Coh., 49). AR. AB.

327 — **Jules César et Octave.** C. CAESAR DICT. PERP. PONT MAX. Tête laurée de César à dr. ℟. C. CAESAR COS PONT AVG. Tête nue d'Octave à dr. (Coh., 2). OR. B.

328 — **Marc Antoine** (83-31). M. ANTONIVS M F. M.N. AVGVR. IMP. TER. Marc Antoine debout à dr. en habit de prêtre. ℟. III VIR R.P.C. COS. DESIG. ITER ET TER. Tête radiée du Soleil à dr. (Coh., 13). AR. TB.

329 — **Octave Auguste** (63-2). CAESAR COS VII CIVIBVS SERVATEIS. Tête nue à dr. ℟. AVGVSTVS. Aigle éployé de face. Dans le champ : SC. (Coh., 30). OR. B. *Planche XI.*

330 — — CAESAR AVGVSTVS DIVI F. PATER PATRIAE. Tête laurée à dr. ℟. C. L. CAESARES AVGVSTI F. COS. DESIG. PRINC IVVENT. Caïus et Lucius debout tenant hastes et boucliers (Coh., 42). OR. B. *Planche XI.*

331 — — Tête nue d'Octave à dr. ℟. IMP. CAESAR. Trophée naval (Coh., 119). AR. TB.

332 — — AVGVSTVS DIVI F. Tête nue à dr. ℟. IMP. X. ACT. Apollon debout à g. tenant lyre. (Coh., 143). OR. B. *Planche XI.*

333 — — AVGVSTUS DIVI F. Tête laurée à dr. ℟. IMP XII. Taureau à dr. (Coh., 154). OR. B.

334 — — CAESAR AVGVSTVS. Tête nue à dr. ℟. IOV. TON. Jupiter debout dans un temple à six colonnes (Coh. 178). OR. TB. *Planche XI.*

335 — — **Tibère** (14-37). TI. CAESAR DIVI. AVG. F. AVGVST. Tête laurée à dr. ℟. PONTIF. MAXIM. Livie, assise à droite, tenant sceptre et fleurs. (Coh., 15). OR. TB. *Planche XI.*

336 — — Autre pièce (Petite tête). OR. TB.

337 — Autre pièce (Grosse tête). OR. AB.

338 — **Néron Drusus** (15-21). NERO CLAVDIVS DRVSVS GERMANICVS IMP. Tête laurée à g. ℟. DE GERM. Arc de triomphe avec statue équestre de Drusus et trophées. (Coh., 1). OR. B.

339 — **Antonia** (femme de Néron Drusus). ANTONIA AVGVSTA. Buste à dr. couronné d'épis. ℟ CONSTANTINAE AVGVST. Cérès debout à dr. (Coh., 1). OR. B. Rare. *Planche XI.*

340 — **Germanicus et Caligula** (vers 38). GERMANICVS CAES P. C. CAES. AVG. GERM. Tête nue à dr. ℟. C. CAESAR AVG. PON. M. TR. POT III. COS III. Tête laurée de Caligula à dr. (Coh.. 6). OR. AB. *Planche XI.*

341 — **Caligula et Auguste** (vers 37). C. CAESAR AVG. GERM. P. M. TR. POT. Tête laurée à dr. ℟. DIVVS AVG. PATER PATRIAE. Tête radiée d'Auguste à dr. (Coh., 1). OR. TB. *Planche XI.*

342 — **Claude Ier** (41-54) — TI. CLAVD. CAESAR. AVG. P. M. TR. P. IIII. Tête laurée à droite. ℟. PACI. AVGVSTAE. La Paix avec les emblèmes de Némésis marchant à droite et tenant un caducée. Elle est précédée par un serpent. (Coh., 55). OR. B.

343 — Avers précédent. ℟. PRÆTOR RECEPT. Claude debout à dr. donnant la main à un soldat. (Coh., 77 var.). OR. B. **Rare.** *Planche XI.*

344 — **Claude et Agrippine**. AGRIPPINAE AVGVSTAE. Buste couronné d'épis à droite. ℟. TI. CLAVD. CAESAR AVG. GERM. P. M. TRIB. POT. P. P. Tête laurée de Claude à droite. (Coh., 3). OR. TB. **Rare.** *Planche XI.*

345 — **Agrippine et Néron**. NERO CLAVD. DIVI F. CAES. AVG. GERM. IMP. TR. P. COS. Têtes accolées à dr. ℟. AGRIP. AVG. DIVI CLAVD. NERONIS CAES. MATER EX-S.C. Quadrige d'éléphants allant à g. (Coh., 3). AR. B.

346 — **Néron** (54-68). NERO CAESAR AVGVSTVS. Tête laurée à dr. ℟. CONCORDIA AVGVSTA. La Concorde assise à g. tenant patère et corne d'abondance. (Coh., 66). OR. B. *Planche XI.*

347 — — NERO CAESAR AVG. IMP. Tête nue à dr. ℟. PONTIF MAX. TR. P. III. P. P. Autour d'une couronne de chêne dans laquelle on lit EX. S.C. (Coh., 206). OR. TB. *Planche XI.*

348 — — Autre variété avec TR. P. VII. COS IIII P. P. (Coh., 215). OR. AB. *Planche XI.*

349 — **Galba** (68-69). IMP SER. GALBA AVG. Tête nue à dr. ℟. Dans une couronne de chêne S.P.Q.R. OB. C.S. (Coh., 286). OR. B. *Planche XI.*

350 — **Othon** (68-69). IMP. M. OTHO CAESAR AVG. TR. P. Tête nue à droite. ℟. PAX ORBIS TERRARVM. La Paix debout à g. tenant épis et corne d'abondance. (Coh., 2). OR. TB. *Planche XI.*

351 — Autre pièce. OR. AB.

352 — **Vitellius** (68-69). A. VITELLIVS IMP. GERMANICVS. Tête laurée à g., dessous un globe. ℟. CONSENSVS EXERCITVVM. Mars nu allant à g. et tenant haste et enseigne militaire. (Coh., 26). OR. AB. **Rare.** *Planche XI.*

353 — — A. VITELLIVS GERMAN IMP. TR. P. Tête laurée à dr. ℟. LIBERTAS RESTITVTA. La Liberté debout à dr. tenant bonnet et sceptre (Coh., 46 var.). OR. TB. **Rare.**

354 — — A. VITELLIVS GERM. IMP. AVG. TR. P. Tête laurée à dr. ℟. PONT MAXIM. Vesta voilée assise à dr. tenant patère et sceptre. (Coh., 71). OR. AB.

355 — **Vespasien** (69-79). IMP. CAESAR VESPASIANVS AVG. Tête laurée à dr. ℟. AETERNITAS L'Éternité debout à g. tenant les têtes du Soleil et de la Lune. A ses pieds un autel allumé. (Coh., 21). OR. AB.

356 — **Vespasien** (69-79). IMP. CAESAR VESPASIANVS AVG. TR. P. Tète laurée à dr. ℞. COS. III. FORT. RED. La Fortune debout à g. tenant un globe et un caducée. (Coh., 67). OR. AB. — 100

357 — — IMP. CAESAR VESPASIANVS AVG. Tète laurée à dr. ℞. COS ITER TR. POT. Femme assise à g. tenant épis et caducée. (Coh., —). OR. FDC. **Rarissime.** *Planche XI.* — 680

358 — — La même pièce. OR. B. — 260

359 — **Titus** (79-81). IMP. T. CAES. VESP. P. M. TR. P. P. P. COS. VIII. Tête laurée à g. ℞. ANNONA AVG. L'Abondance debout à g. tenant corne d'abondance et statuette de l'Équité. Devant elle panier rempli d'épis et derrière proue d'un bateau. (Coh., 64). G Br. TB. *Planche XI.* — 75

360 — — T. CAESAR IMP. VESPASIAN. Tête laurée à dr. ℞. COS VI. Rome assise à dr. sur des boucliers. A dr. et à g. oiseaux volant et à ses pieds la Louve. (Coh., 94). OR. B. *Planche XI.* — 305

361 — — IMP. TITVS CAES. VESPASIAN. AVG. P. M. Tête laurée à dr. ℞. TR. P. VIII. IMP. XIIII. COS VII. P. P. Juif à genoux à dr. soutenant un trophée. (Coh., 273 var.). OR. TB. **Rare.** *Planche XI.* — 315

362 — — ℞. Légende comme au-dessus. ℞. TR. P. IX. IMP. XV. COS VIII. P. P. Éléphant allant à g. (Coh., 301). OR. AB. — 130

363 — **Domitien** (81-96). DOMITIANVS AVGVSTVS. Tête nue à dr. ℞. GERMANICVS. Domitien dans un quadrige à g. tenant branche de laurier et sceptre. (Coh., 138). OR. TB. **Très rare.** *Planche XI.* — 355

364 — — IMP. CAES. DOMIT. AVG. GERM. P. M. TR. P. X. Tête laurée à dr. ℞. IMP XXI. COS XV. CENS. P. P. P. Pallas debout tenant haste. (Coh., 263). AR. TB. — 3

365 — — IMP. CAES. DOMITIANVS AVG. P. M. Tête laurée à dr. ℞. TR. POT. II. COS. VIII. DES IX P. P. Buste casqué de Pallas à g. avec l'égide sur la poitrine. (Coh., 609 var.). OR. FDC. **Très rare.** *Planche XI.* — 1280

366 — — CAES. AVG. F. DOMIT. COS. II. Tête laurée à dr. ℞. Domitien à cheval à g. tenant un sceptre. (Coh., 663). OR. B. *Planche XI.* — 120

367 — — Autre pièce. (Le cavalier est de dimensions plus petites). OR. B. — 200

368 — **Nerva** (96-98). IMP. NERVA CAES AVG. P. M. TR. POT. Tête laurée à dr. ℞. COS III. PATER PATRIAE. Instruments de sacrifice (Coh., 47). OR. TB. *Planche XI.* — 650

369 — **Trajan** (98-117). IMP. TRAIANO AVG. GER. DAC. P. M. TR. P. COS VI P. P. Buste lauré à dr. ℞. FORT. RED S. P. Q. R. OPTIMO PRINCIPI. La Fortune assise à g. tenant gouvernail et corne d'abondance. (Coh., 155). OR. TB. — 270

370 — **Trajan** (98-117). IMP. CAES. NERVA. TRAIAN. AVG. GERM. Tête laurée à droite. ℞. P. M. TR. P COS IIII. P. P. Hercule nu de face tenant massue et peau de lion. (Coh., 232).
OR. B. *Planche XII.*

371 — — IMP. CAES. NER. TRAIANO OPTIMO AVG. GER. DAC. Tête laurée à dr. ℞. P. M. TR. P. COS VI P. P. S. P. Q. R. Génie debout à g. tenant patère et épis. (Coh., 275). OR. B.

372 — **Plotine** (femme de Trajan). PLOTINA AVG. IMP. TRAIANI. Buste diadémé à dr. ℞. CAES. AVG. GERMA. DAC. COS. VI P. P. Vesta assise à g. tenant palladium et sceptre. (Coh., 2).
OR. TB. **Très rare.** *Planche XII.*

373 — **Adrien** (117-138). HADRIANVS AVGVSTVS. Buste lauré à dr. ℞. COS III. Adrien galopant à dr. tenant haste. (Coh., 414). OR. B. *Planche XII.*

374 — — IMP. CAES TRAIAN HADRIANO AVG. DIVI TRA. PARTH. F. Buste lauré, drapé et cuirassé à dr. ℞. ORIENS DIVI NER. NEP. P. M. P. C. COS. Buste radié du Soleil à dr. (Coh., 1003).
OR. TB. *Planche XII.*

375 — IMP. CAESAR TRAIAN. HADRIANVS AVG. Buste lauré et drapé et cuirassé à dr. ℞. P. M. TR. P. COS III. Pallas debout de face, les jambes serrées, tenant haste et bouclier. (Col., 1064). OR. TB. *Planche XII.*

376 — **Sabine** (femme d'Adrien). SABINA AVGVSTA. Buste diadémé à dr. ℞. VESTA. Vesta assise à g. tenant palladium et sceptre. (Coh., 78). OR. AB. **Rare.** *Planche XII.*

377 — **Antonin le Pieux** (138-161). DIVVS ANTONINVS. Tête nue à dr. ℞. CONSECRATIO. Bûcher à quatre étages. AR. B.

378 — — IMP. CAES T. AEL. HADR. ANTONINVS AVG. PIVS P. P. Tête nue à droite (Coh., 164). ℞. PAX. TR. POT XIIII. COS IIII. La Paix debout à g. tenant sceptre et branche d'olivier. (Coh., 579 var.). OR. TB. **Rare.** *Planche XII.*

379 — — ANTONINVS AVG. PIVS. P. P. IMP. II. Tête laurée à dr. ℞. TR. POT. XX COS IIII. Victoire allant à g. tenant couronne et palme. (Coh., 1013). OR. FDC. *Planche XII.*

380 — **Antonin le Pieux et Marc-Aurèle** (vers 140). — ANTONINVS AVG. PIVS P. P. TR. P. COS. III. Tête nue à dr. ℞. AVRELIVS CAESAR AVG. PII. F. COS. Tête nue de Marc-Aurèle jeune à dr. (Coh., 13). OR. B. *Planche XII.*

381 — **Faustine mère** (femme d'Antonin). DIVA AVG. FAVSTINA. Buste à dr. ℞. AETERNITAS. L'Eternité debout à g. tenant patère et gouvernail. (Coh., 2). OR. TB.
Planche XII.

382 — — La même pièce avec son buste voilé. (Coh., 3). OR. FDC.

383 — — DIVA FAVSTINA. Buste à dr. ℞. AETERNITAS. Temple à six colonnes ayant au centre la statue de Faustine assise et sur le fronton les divinités du Capitole. (Coh., 64).
OR. TB. **Rare.** *Planche XII.*

384 — **Marc-Aurèle** (161-180). IMP. CAES. M. AVREL ANTONINVS AVG. Tête nue à dr. ℞. CONCORDIAE AVGVSTOR TR. P. XV. COS III. Marc-Aurèle et Lucius Vérus debout se donnant la main. (Comp. Coh., n° 45). OR. FDC. **Très rare.** *Planche XII.*

385 — — AVRELIVS CAESAR AVG. PII. FIL. Tête nue à dr. ℞. TR. POT VII. COS II. Rome debout à g. tenant Victoire et parazonium. (Coh., 657). OR. FDC. *Planche XII.*

386 — — Autre pièce au buste nu et drapé à dr. (Coh., 660). OR. FDC.

387 — — Avers précédent. ℞. TR. POT XIIII. COS II. Mars nu allant à dr. portant haste et trophée. (Coh., 752). OR. TB. *Planche XII.*

388 — — M. ANTONINVS AVG. ARM. PARTH. MAX. Tête laurée à dr. ℞. TR. P. XXII. IMP. V. COS III. L'Équité assise à g. tenant balance et corne d'abondance. (Coh., 898). OR. FDC. *Planche XII.*

389 — **Faustine jeune** (femme de Marc-Aurèle). FAVSTINA AVG. PII. AVG. FII. Buste à dr. aux cheveux relevés. ℞. CONCORDIA. Colombe à dr. (Coh., 61). OR. TB. *Planche XII.*

390 — — FAVSTINA AVGVSTA.. Buste à dr. les cheveux ondés. ℞. SALVTI AVGVSTAE La Santé assise à g. nourrissant un serpent enroulé autour d'un autel. (Coh., 198). OR. FDC. *Planche XII.*

391 — **Lucius Verus** (161-169). L. VERVS AVG. ARMENIACVS. Tête nue à dr. ℞. REX ARMEN DAT. TR. P. IIII. IMP. II. COS II. Vérus assis à g. sur une estrade entouré du préfet du Prétoire et d'un soldat. Au pied de l'estrade le roi Soème debout. (Coh., 158). OR. FDC. **Rare.** *Planche XII.*

392 — La même pièce. OR. FDC.

393 — — L. VERVS AVG. ARMENIACVS. Buste lauré et drapé à dr. ℞. TR. P. IIII. IMP. I.. COS. II. Victoire à demi-nue debout à dr. plaçant sur un palmier un bouclier sur lequel est inscrit VIC. AVG. (Coh.. 247). OR. FDC. *Planche XII.*

394 — **Lucille** (femme de Lucius Verus). LVCILLAE AVG. ANTONINI AVG. F. Buste à dr. ℞. VENVS. Vénus debout à g. tenant sceptre et pomme. (Coh., 69). OR. TB. *Planche XII.*

395 — **Commode** (176-192). — M. COMMODVS ANTON. AVG. PIVS. Buste lauré, drapé et cuirassé à dr. ℞. P. M. TR. P. VIIII. IMP. VI. COS IIII. P. P. Jupiter assis à g. tenant sceptre et Victoire. (Coh. —). OR. TB. **Très rare.** *Planche XII.*

396 — **Pertinax** (193). — IMP. CAES. P. HELV. PERTIN. AVG. Tête laurée à dr. ℞. PROVID DEOR COS. II. La Providence debout à g. levant la main droite vers un globe radié (Coh., 42). OR. TB. **Très rare.** *Planche XII.*

397 — **Septime Sévère** (193-211). L. SEPT. SEV. PERT. AVG. IMP. VIII. Buste lauré, drapé et cuirassé à dr. ℞. P. M. TR. P. V. COS II. P. P. La Paix assise tenant branche d'olivier et sceptre. (Coh., 423). OR. TB. **Rare.** *Planche XII.*

398 — **Septime Sévère** (193-211). IMP. CAE. L. SEP. SEV. PERT. AVG. Tête laurée à dr. ℞. VIRT. AVG. TR. P. COS. Rome debout à gauche tenant Victoire et haste la pointe en bas. (Coh., 751). OR. TB. **Rare**. *Planche XII.*

399 — **Julie Domna**. (femme de Septime Sévère). — IVLIA AVGVSTA. Buste à dr. ℞. MATER DEVM. Cybèle assise à g. entre deux lions tenant rameau d'olivier et sceptre. (Coh., 123). AR. B.

400 — — IVLIA DOMNA AVG. Un buste à g. ℞. VENERI. VICTR. Vue de dos. Vénus à demi-nue, s'appuyant sur une colonne, tient une pomme et une palme. (Coh., 193). OR. TB. **Rare**. *Planche XII.*

401 — Avers précédent. ℞. VENVS GENITRIX. Vénus assise à g. tenant pomme et sceptre. A ses pieds Cupidon debout. (Coh., 203). OR. FDC. **Très rare**. *Planche XII.*

402 — **Caracalla** (198-217). IMP. CAE. M. AVR. ANT. AVG. P. TR. P. Buste jeune lauré et drapé à dr. ℞. MINER. VICTRIX. Minerve debout à g. tenant Victoire et haste. A ses pieds un bouclier et derrière un trophée. (Coh., 158). OR FDC. **Rare**. *Planche XII.*

403 — — ANTONINVS PIVS AVG. GERM. Buste lauré et cuirassé à dr. ℞. P. M. TR. P. XX COS IIII. P. P. Jupiter nu debout à g. avec manteau sur l'épaule tenant foudre et sceptre. (Coh , 372 var.). OR. TB. **Rare**. *Planche XII.*

404 — — ANTONINVS PIVS AVG. GERM. Tête laurée à dr. ℞. VENVS VICTRI. Vénus debout à g. tenant casque et sceptre s'appuyant sur un bouclier. A ses pieds un captif. (Coh., 613). AR. TB.

405 — **Elagabale** (218-222). IMP. CAES. M. AVR. ANTONINVS AVG. Buste lauré et drapé à dr. ℞. PONTIF MAX TR. P. Rome assise à g. tenant Victoire et sceptre. (Coh., 223 var.). OR. presqu'à FDC. **Rare**. *Planche XIII.*

406 — — Arvers précédent. ℞. PONTIF. MAX. TR. P. II. COS II. P. P. Même revers que le précédent. (Coh., 230 var.). OR. TB. **Rare**. *Planche XIII.*

407 — **Alexandre Sévère**. (222-235). IMP. C. M. AVR. SEV. ALEXAND. AVG. Buste lauré et drapé à dr. ℞. IOVI VLTORI. Jupiter à demi-nu assis à g. tenant victoire et sceptre. (Coh., 94). OR. FDC. *Planche XIII.*

408 — **Gordien le Pieux** (238-243). IMP. CAES. M. ANT. GORDIANVS. AVG. Buste laurée à dr. AEQVITAS AVG. L'Equité debout à g. tenant balance et corne d'abondance. (Coh., 16). OR. B. *Planche XIII.*

409 — — IMP. GORDIANVS PIVS FEL. AVG. Buste lauré et drapé à dr. ℞. AETERNITATI AVG. Le Soleil debout à g. radié à demi nu levant la main droite et tenant un globe. (Coh., 37). OR. TB. *Planche XIII.*

410 — **Trajan Dèce** (249-251). IMP. C. M. Q. TRAIANVS DECIVS AVG. Buste lauré et cuirassé à dr. ℞. GENIVS EXERC. ILLYRICIANI. Génie à demi nu debout à g. tenant patère et corne d'abondance. Derrière lui une enseigne militaire. (Coh., 48). OR. B. **Rare**. *Planche XIII*.

411 — **Gallien** (253-268). IMP. C. P. LIC. GALLIENVS P. F. AVG. ℞. Buste lauré et cuirassé à dr. VIRTVS AVGG. La Valeur casquée et debout à g. tenant haste et bouclier. (Coh., 1282). OR. TB. **Rare**. *Planche XIII*.

412 — **Probus** (276-282). IMP. C. M. AVR. PROBVS AVG. Buste lauré, drapé et cuirassé. CONSERVAT AVG. Le Soleil radié debout de face levant la main droite et tenant un globe. (Coh., 175). OR. FDC. **Rare**. *Planche XIII*.

413 — **Dioclétien** (284-305). DIOCLETIANVS AVGVSTVS. Tête laurée à dr. ℞. CONCORDIAE AVGG. NN. Dioclétien et Maximien assis à g. tenant chacun globe et parazonium. Une Victoire plane au-dessus d'eux. (Coh., 38). OR. FDC. **Très rare**. *Planche XIII*.

414 — — DIOCLETIANVS P. F. AVG. Tête laurée à dr. ℞. IOVI CONSERVAT AVG. Jupiter nu debout à g. tenant foudre et haste. A l'exergue : P. ROM. (Coh., 233 var.). OR. FDC. **Très rare**. *Planche XIII*.

415 — — DIOCLETIANVS P. F. AVG. Buste lauré drapé et cuirassé à dr. ℞. IOVI CONSERVATORI. Jupiter assis à g. tenant foudre et sceptre. A ses pieds un aigle tenant couronne en son bec. A l'exergue : P. R. (Coh., 266). OR. FDC. **Rare**. *Planche XIII*.

416 — **Maximien-Hercule** (286-305). MAXIMIANVS AVGVSTVS. Tête laurée à dr. ℞. CONCORDIA AVGG. NN. Les deux empereurs assis à g. tenant chacun un globe. Une Victoire plane au-dessus d'eux. (Coh., 47). OR. FDC. **Très rare**. *Planche XIII*.

417 — — Avers précédent. ℞. CONSVL III. P. P. PROCOS. Maximien debout à g. en toge tenant un globe. (Coh., 78). OR. FDC. **Rare**. *Planche XIII*.

418 — — IMP. C. M. AVR. VAL. MAXIMIANVS P. F. AVG. Buste lauré et cuirassé à dr. ℞. IOVI CONSERVATORI AVGG. Jupiter nu debout à g. tenant foudre et sceptre. (Coh., 369 var.). OR. TB. **Très rare**. *Planche XIII*.

419 — **Constance I Chlore** (305-306). CONSTANTIVS CAES. Tête laurée à dr. ℞. VIRTVS MILITVM. Quatre soldats sacrifiant devant la porte d'un camp. (Coh., 314). AR. TB.

420 — **Maximin II Daza** (307-313). MAXIMINVS NOB. CAES. Tête laurée à dr. ℞. PRINCIPI IVVENTVTIS. Maximin en habit militaire debout à g. levant la main dr. et tenant un sceptre. Derrière lui deux exergues militaires. A l'exergue : S.M. SD. (Coh., 143). OR. FDC. **Très rare**. *Planche XIII*.

421 — **Constantin I le Grand** (312-337). CONSTANTINVS P. F. AVG. Tête laurée à dr. ℟. VICTORIA AVGG. ET CAESS. NN. Victoire assise sous des armes tenant bouclier sur lequel on lit : VOT XX. Auprès d'elle captif assis au pied d'un trophée. A l'exergue : SIRM. (Coh., 591). OR. FDC. **Très rare.** *Planche XIII.*

421 *bis* — — Autre pièce avec l'exergue : S. N. K. OR. B. *Planche XIII.*

422 — **Constance II** (335-361). FL. IVL. CONSTANTIVS PERP. AVG. Buste diadémé, drapé et cuirassé à dr. ℟. GLORIA REIPVBLICAE. Rome et Constantinople assises de face, tenant un bouclier sur lequel on lit : VOT XX. MVLT XXX. A l'exergue : SMANS. (Coh., 108). OR. FDC. *Planche XIII.*

423 — — Même légende. Buste casqué et cuirassé de face et tenant haste transversale et bouclier orné d'un cavalier. ℟. Revers précédent mais sur le bouclier : VOT XXX. etc. A l'exergue : SMNT. (Coh., 112). OR. FDC. *Planche XIII.*

424 — — FL. IVL CONSTANTIVS P. F. AVG. Avers précédent. Sur le bouclier ornements. ℟. Revers précédent. A l'exergue entre deux palmes : R. S. M. P. (Coh., 117). OR. TB.

425 — **Magnence** (350-353). D. N. MAGNENTIVS P. F. AVG. Buste lauré et drapé à dr. ℟. VICTORIA AVG. LIB. ROMANOR. La Victoire et la Liberté soutenant un trophée. A l'exergue : T. R. (Coh., 48). OR. FDC. *Planche XIII.*

426 — **Julien le Philosophe** (355-363). FL. CL. IVLIANVS NOB. CAES. Buste drapé à dr. ℟. GLORIA REIPVBLICAE. Rome et Constantinople assises soutenant un bouclier sur lequel on lit : VOTIS V. Entre les deux villes une palme. A l'exergue : KONST N. (Coh., 25). OR. TB. *Planche XIII.*

427 — — FL. CL. IVLIANVS P. P. AVG. Buste barbu diadémé, drapé et cuirassé à dr. ℟. VIRTVS EXERCITVS ROMANI. Julien en soldat traînant vers la droite un captif à genoux, et tenant un trophée : A l'exergue : SIRM, entre une étoile et une couronne. (Coh., 78). OR. FDC.

428 — — Autre pièce avec l'exergue : SIRM et couronne. OR. AB. (*Trouée.*) *Planche XIII.*

429 — **Valentinien I** (364-375). D. N. VALENTINIANVS P. F. AVG. Buste diadémé et drapé à dr. ℟. RESTITVTOR REIPVBLICAE. L'Empereur debout à dr. tenant l'étendard avec le signe ☧ et une Victoire sur un globe. A l'exergue : KONST N. (Coh., 28) OR. TB.

430 — **Valens** (364-378). D. N. VALENS PER F. AVG. Buste diadémé et drapé à dr. ℟. RESTITVTOR REIPVBLICAE. L'Empereur debout tenant l'étendard au signe P et une Victoire. A l'exergue : ANTB. (Coh., 31). OR. TB. *Planche XIII.*

431 — **Gratien** (379-383). D. N. GRATIANVS P. F. AVG. Buste diadémé et drapé à dr. ℟. VICTORIA AVGG. Gratien et Valentinien jeune assis de face soutenant le globe. Une Victoire plane au-dessus d'eux. Entre eux une palme. A l'exergue : COM. (Coh., 38). OR. FDC. *Planche XIII.*

432 — **Théodose I** (383-395). D. N. THEODOSIVS P. F. AVG. Buste diadémé, drapé et cuirassé à dr. ℞. CONCORDIA AVGGG. Rome assise de face tenant globe et sceptre. A l'exergue : CONOB. (Coh., 8). OR. AB. (*Trouée.*)

433 — — Avers précédent. ℞. VICTORIA AVGGG Θ. Théodose debout à dr. tenant labarum et globe avec Victoire, et posant le pied sur un ennemi à terre. Dans le champ : S. M. et à l'exergue : CONOB. (Coh., 39). OR. TB. *Planche XIII.*

434 — **Honorius** (395-423). D. N. HONORIVS P. F. AVG. Buste diadémé et drapé à dr. ℞. VICTORIA AVGGG. Honorius debout à dr. tenant étendard et globe avec Victoire et mettant le pied sur un captif. Dans le champ : R. M. et à l'exergue : COMOB. (Coh., 44). OR. TB.

435 — **Valentinien III** (425-455). D. N. PLA. VALENTINIANVS P. F. AVG. Buste diadémé et drapé à dr. ℞. VICTORIA AVGGG. Valentinien debout de face tenant sceptre terminé par une croix et globe avec Victoire, pose le pied sur un serpent à tête humaine. Dans le champ : R. V. et à l'exergue : COMOB. (Coh., 19). AR. TB.

ROMAINES BYZANTINES[18]

436 — **Arcadius** (395-408). DN. ARCADIVS. P. F. AVG. ℞. Buste diadémé et cuirassé à dr. ℞. VICTORIA AVGGG. Arcadius debout tenant labarum et victoire sur globe posant le pied droit sur un captif. Dans le champ M. D. A l'exergue : COMOB. (Sab., n° 18). OR. TB.

437 — **Marcianus** (450-457). D. N. MARCIANVS. P. F. AUG. Buste casqué et cuirassé de face. ℞. VICTORIA AVGGGB. Victoire debout à g. tenant une longue croix. A l'exergue : CONOB. (Sab., n° 4). OR. TB. *Planche XIII.*

438 — **Léon I** (457-474). D. N. LEO PERPET AVG. Buste casqué et cuirassé de face. ℞. VICTORIA AUGGGA. Victoire debout à g. tenant une longue croix. A l'exergue : CONOB. (Sab., 4). OR. B. *Planche XIV.*

439 — — La même pièce avec AVGGGI'. (Sab., n° 4) OR. AB.

440 — **Zénon** (474-491). D. N. ZENO PERP. AVG. Avers précédent. ℞. Revers précédent avec étoile dans le champ et AVGGGI. (Sab., 1). OR. TB. *Planche XIV.*

441 — **Justinianus I** (527-565). D. N. IVSTINIANVS P. P. AVG. Avers précédent. ℞. Revers précédent. (Sab., 1). OR. (Pièce mal frappée.)

18. SABATIER. *Description des Monnaies byzantines frappées sous les Empereurs d'Orient*, Paris, 1862.

442 — **Justinianus I** (527-565). Même pièce avec le buste de Justinien de face tenant globe crucifère. ℟. VICTORIA AVGGGA. Victoire de face tenant haste et globe crucifère. Dans le champ étoile et à l'exergue : CONOB. (Sab., 3). OR. AB.

443 — — Buste diadémé à dr. ℟. VICTORIA AVGVSTORVM. Victoire de face tenant couronne et palme. (Sab., 5). OR. (Tiers de sou.)

444 — **Maurice Tibère** (582-602). D. N. MAVR. TIB. P. P. AVG. Buste casqué de face tenant globe crucifère. ℟. VICTORIA AVGGI. Victoire de face tenant haste et globe crucifère. A l'exergue : CONOB. (Sab., 1 *bis*). OR. AB. *Planche XIV.*

445 — **Focas** (602-610). D. N. FOCAS PERP. AVG. Buste barbu et diadémé de face tenant globe crucifère. ℟. VICTORIA AVGЧI. Victoire de face tenant haste et globe crucifère. A l'exergue : CONOB. (Sab., 1). OR. TB. *Planche XIV.*

446 — **Héraclius et Héraclius Constantin** (613-641). D. D. NN. ЂERACLIVS ET HERA CONSTAN. PP. AVG. Bustes diadémés des deux Augustes de face. ℟. VICTORIA AVSЧЄ. Croix potencée sur trois degrés. A l'exergue : CONOB. (Sab., 48 *bis*). OR. TB. *Planche XIV.*

447 — **Héraclius, Héraclius Constantin et Héracléonas** (630-641). Sans légende. Les trois Augustes diadémés debout de face tenant chacun globe crucifère. L'Empereur du milieu est barbu. ℟. VICTORIO AVΖЧA. Croix potencée sur trois degrés. Dans le champ ħ et I. A l'exergue : CONOB +. (Sab., 6 var.). OR. B. *Planche XIV.*

448 — **Constant II** (641-668). DN. CONSƃANƃINΓS PP. AVG. Buste diadémé et barbu de face. ℟. VICTORIA AVΖЧΘ. Croix potencée sur trois degrés. Dans le champ H. A l'exergue : CONOB. (Sab., 5). OR. TB. *Planche XIV.*

449 **Constantin II et son fils, Constantin Pogonat** (654-659). D. N. CONSƃANƃINЧS C. COSTAN. AV. Bustes diadémés de face. ℟. VICTORIA AVSЧЄ. Croix potencée sur trois degrés. A l'exergue : CONOB +. (Sab., II, 2). OR. TB. *Planche XIV.*

450 — **Constant II et ses trois fils. Constantin Pogonat. Héraclius et Tibère** (659-668). Pas de légende. Buste de face des deux Augustes. Entre les deux têtes une petite croix. ℟. VICTORIA AVSYΘ. Croix potencée sur trois degrés. De chaque côté Héraclius et Tibère debout tenant haste et globe crucifère. A l'exergue : CONOB T. (Sab., II, 17). OR. FDC.

451 — **Léon III** (716-741). (Monnaie posthume frappées par son fils Constantin V.) DN. LEON P. A. MΓI. Buste de face diadémé tenant volumen et globe crucifère. ℟. N. CONSƃANƃINVS. Buste de Constantin V avec les mêmes attributs. (Sab., II, 16). OR. FDC. **Rare.**

452 **Michel II le Bègue et Théophile** (821-829). MIXAHL BASILEZ. Buste diadémé de face tenant croix et volumen. ℟. ΘEOFVLA CƃOSƋЄSPSЄ. Buste diadémé de face tenant globe crucifère et croix transversale. (Sab., II, comparez n° 2). OR. TB. **Très rare.**

453 — **Basile I et Constantin IX** (869-870). BASILIOS ET COhSƷAhƷ AYSS B. Buste de face et diadémé des deux empereurs tenant une longue croix grecque. ℞. + IhS XPS RE X. RESNANTIYM. Le Christ nimbé assis de face, levant la main dr. et tenant le livre des Évangiles. (Sab., II, 5). OR. FDC. *Planche XIV.*

454 — **Romain I et son fils Christophore** (920-944). ROM4h EƷ XRISƷOFO-AASSI. Bustes diadémés et de face des deux Augustes tenant croix grecque. ℞, Précédent. (Sab., II, 9). OR. FDC. **Rare.**

455 — **Constantin X et son fils Romain II** (948-959). cohsƷAhƷ' CE ROMAh' AYSS' Bustes diadémés et de face des deux Augustes. Constantin est vêtu d'une robe à carreaux. ℞. Précédent (Sab., II, 14). OR. B. *Planche XVI.*

456 — **Romain III Argyre** (1028-1034). Θ CE boho RωMAhω. L'Empereur debout de face tenant volumen et globe crucifère, couronné par la Vierge à g. ℞. IHS XIS REX RESNANTIhM. Le Christ assis de face et tenant l'Évangile. (Sab., II, 1). OR. AB. *Planche XIV.*

457 — **Michel IV** (1034-1041). + MIXAHL BASILEYS R. M. Buste de face diadémé tenant labarum et globe crucifère. ℞. Précédent. (Sab., II, 1). OR. (Concave.) *Planche XIV.*

458 — **Théodora** (1055-1056) + ΘΕΟΔΟΡΑ ΑΥΓΟVSΤΑ. Théodora et la Vierge nimbée debout de face tenant le labarum. ℞. Précédent, mais le Christ est debout de face. (Sab., II, 1). OR. (*Trouée.*) *Planche XIV.*

459 — **Michel VII** (1071-1078). + MIXAHA BACIA O. Δ. Buste barbu de face, vêtu du manteau à carreaux et tenant labarum et globe. ℞. Le Christ assis de face. (Sab., II, 1). OR. (Concave. *Trouée.*)

460 — **Nicéphore III Botaniate** (1078-1081) + ΝΙΚΗΦΡ. ΔΕCΠ Τω ΒΟΤΑΝΙΑΤ. L'empereur de face debout tenant labarum et globe crucifère. ℞. Le Christ assis de face. (Sab., II, 4). OR. (Concave. *Trouée.*)

---

461 — **Empire de Thessalonique** (1205-1232). Quatre pièces concaves mal frappées, usées et à bas titre. OR.

---

462 — **Rois Lombards**. Grimoald duc de Benevent. + GRIM- -VALD. Buste de face. ℞. DOMS. CAR. Croix potencée sur quatre degrés. A l'ex. : VIC-. (Serrure, *Traité de Numismatique du Moyen-Age*, I, p. 36). OR. (Sou d'or.) TB. *Planche XIV.*

463 — Autre pièce avec S. R. de chaque côté de la croix. OR. (Demi sou.) TB. *Planche XIV.*

MONNAIES GAULOISES[19]

464 — **Marseille**. Buste de Diane à dr. ℞. ΜΑΣΣΑ. Lion à g. (L. T., 1090). AR. AB.

— — Avers précédent. ℞. ΜΑΣΣΑ ΛΙΗΤΩΝ. Entre les pattes Π, ou Λ. (L. T., 1274). AR. AB. (3 variétés.)

— — Avers précédent, devant à dr. lettre R. ℞. Incus. (L. T., 1418). AR. B.

— — Imitation Massaliete des Gaulois du Nord de l'Italie. (L. T., 2176, var.). AR. B.

465 — **Votcae-Tectosages**. Tête à dr. ℞. Illisible. AR. AB.

— — Tête de femme. ℞. Croix cantonnée d'olives, annelet, hache et croissant. (L. T. 3132). AR. B. (2 pièces.)

466 — **Elusates**. Tête informe. ℞. Cheval à gauche. (L. T., 3587). AR. B.

467 — **Bituriges Cubi**. Tête à dr. ℞. Cheval à dr. Au-dessus grue, au-dessous main. (L. T., 4068). Electrum. AB.

468 — **Arverni ou Eduens**. Tête d'Apollon à dr. ℞. ΦΙΛΙΠΠΟΥ. Aurige conduisant un bige à dr. Entre les pattes des chevaux une amphore. (L. T., 4837, var.). OR. FDC. **Rare**. *Planche XIV*.

469 — **Imitation des Deniers aux Dioscures.** (L. T., 5762, 5779, 5795). AR. TB. (3 pièces.)

470 — **Redones**. Tête laurée à dr. ℞. Androcéphale à g. conduit par un aurige tenant vexilium. Au-dessous un hippocampe. (L. T., type 6811, var.). OR. FDC. **Rare**. *Planche XIV*.

471 — **Aulerci Cenomani**. Tête laurée à dr. ℞. Androcéphale à dr. conduit par un aurige tenant vexilium. Au-dessous un génie ailé. (L. T.. 6830, var.). OR. TB. *Planche XIV*.

472 — **Aulerci-Eburovices**. Tête barbue à g. ℞. Bige au galop à dr. Au-dessous un loup. (L. T., 7017). OR. AB.

473 — **Parisii**. Tête à dr. ℞. Cheval à g. Au-dessus filet orné et au-dessous rosace. (L. T., 7777). OR. FDC. *Planche XIV*.

19. La Tour. *Atlas des Monnaies gauloises*. Paris, 1892.

473 *bis* — **Parisii** Autre variété. OR. AB. *Planche XIV.*

474 — — — Tête à dr. ℞. Cheval à g. devant la bouche S. Au-dessus rosace et filet (L. T., 7804). OR. TB. (2 variétés.)

475 — **Morini**. Uniface. ℞. Cheval disloqué à dr. (L. T., 8734). OR. TB. (2 variétés.)

476 — **Incertaines de l'Est**. (L. T.. 8178). AR. B.

477 — — Tête laurée à dr. ℞ Bige au galop. (L. T., 8932, var. ou Helvétie L. T., 9302). OR. AB.

478 — **Nervii**. Tête nue à dr. ℞. VIROS. Cheval à g. (L. T., 8767). OR. TB. *Planche XIV.*

479 — **Imitation des types de l'Ile de Bretagne**. Tête à dr. ℞. Pegase à dr. Au-dessous grenetis. (L. T., —). OR. B. *Planche XIV.*

480 — **Imitation de Macédoine**. Tête à dr. ℞. ΒΑΣΙΛΕΩΣ. ϘI... CY. Femme assise à g. et adossée sur un bouclier. (L. T., —). OR. B. *Planche XIV.*

481 — **Imitation de Philippe II.** Tête barbare de Jupiter à dr. ℞. ΙΓΠ. Cavalier à dr. tenant palme. (Comparez L. T., 9713). AR. B. *Planche XIV.*

482 — — Tête barbare de Jupiter barbu. ℞. Cheval à dr. (L. T., 9736). AR. TB. *Planche XIV.*

MONNAIES MÉROVINGIENNES [20]

483 — **Monétaire**. CADVRCA. Buste barbare à dr. ℞. + BONOLVS MON. Croix. OR. B. **Rare.**

484 — **Amboise** (Ind.-et-L.). AMBACIAVICOM. Tête à dr. ℞. PATOR NINOM. Croix. (Pr., 357 v.). OR. B. *Planche XV.*

485 — **Beaumont** (Cher). NDIER AVVS M. Buste à dr. ℞. + BELLO + MONTE. (Pr., 1681 v.). OR. B. *Planche XV.*

20. (PROU. M.). *Les Monnaies mérovingiennes*, Paris, 1892.

486 — **Clermont-Ferrand** (Puy-de-Dôme). Sans légende. Tête à dr. ℟. Dans le champ Æ. (Pr., 1751, var.). OR. B. *Planche XV.*

487 — **Dorestate** (Hollande). OᴚREꙍTAT FT. ꓵAᴚELIIVS II. Croix posée sur six globules. (Pr., 1236). OR. B. *Planche XV.*

488 — **Maestricht** (Limbourg). TRIECTO FIT. Buste à dr. ℟. ..MLOLS AAAII... OR. B. *Planche XV.*

489 — **Mairy** (Meurthe-et-Moselle). ꟿAILOꙍATIAIAII. Tête à dr. ℟. THEVDENVS MON. Croix accostée des lettres CA. (Pr., 915 var.). OR. TB. *Planche XV.*

490 — **Marseille**. Buste à g. (Sigebert III?). ℟. Croix. OR. AB. *Planche XV.*

491 — **Metals** (Belgique). METALS. Buste diadémé à dr. ℟. TEVD ESISILVS. Croix sur un globe accosté de V. II. (Pr., 1012). OR. TB. *Planche XV.*

492 — **Rodez** (Aveyron). Sans légende. Buste diadémé à dr. ℟. + VENŒMIVS. Monogramme de Rutenus. (Pr., 1885). OR. TB. *Planche XV.*

493 — — NIN. Tête barbare à dr. ℟. IA.. VTO-. Légende rognée. Personnage assis à dr. tenant petite victoire au-dessus d'un petit autel. (Comp. Pr., 1911). OR. B. *Planche XV.*

494 — **Indéterminé**. TOCIEO. S. Buste à dr. + EDA. ACFP. Croix sur deux degrés. OR. TB. (Pièce rognée.) *Planche XV.*

495 — **Imitation des monnaies romaines. Valentinien II, Théodose, Sevère.** OR. (4 pièces.) B.

ROIS CAROLINGIENS[21]

496 — **Charlemagne (768-814)**. *Melle.* Denier au monogr. (G. XIII. 209). — **Louis I, roi d'Aquitaine (780-814)**. *Melle.* LVDO. VIC en deux lignes. ℟. METALLUM. Croix (G. XIV. 5). Obole. Rare. — **Louis le Débonnaire (814-840)**. *Melle.* Denier (G. XVI. 68). AR. B. et TB. (3 p.)

497 — **Charles II le Chauve (840-877)**. *Melle.* Deniers (G. XXIII. 58, 59, 60). — Oboles (G. XXIV. 76, 77). AR. B. et TB. (11 p.)

21. GARIEL. *Monnaies royales de France sous la race carolingienne.* Paris, 1884-1886.

498 — **Charles II empereur** (**875-877**). *Chartres* (G. XXVII. 71). — *Court-Sessin?* (G. XXVIII. 94). — *Orléans* (G. XXXI. 165). — *Rennes* (G. XXXIII. 199). — *Saint-Denis* (G. XXXIV. 219). Deniers aux types de l'Édit de Pitres. AR. B et TB. (5 p.)

499 — **Charles le Gros** (**884-887**). *Le Palais* (G. LI. 52, à Charles le Simple). — **Eudes** (**887-898**). *Limoges* (G. XLVII, 26, 27). — *Toulouse* (G. XLVIII. 54). — **Charles III le Simple** (**898-923**). *Melle*. Denier et oboles (G. XXIII. 60 et 61 à Charles le Chauve). — *Toulouse* (G. LII. 81). Denier. Rare. AR B. et TB (8 p.)

500 — **Lothaire II** (**954-986**). *Bourges*. Denier (G. LVII. 9). — **Lothaire Ier** (**817-855**). Denier sans nom d'atelier (G. LIX. 9). — **Louis II, d'Italie** (**849-875**). Deniers (G. XLIV. 37). AR. B. et TB. (5 p.)

ROIS CAPÉTIENS[22]

500 *bis* — **Hugues Capet** (**987-996**). *Beauvais*. Denier (H. 9). — **Robert le Pieux** (**996-1031**). *Laon*. Denier (H. 10). AR. TB. — 40

501 — **Louis VI le Gros** (**1108-1137**). *Pontoise* (H. 6). — *Orléans* (H. 8 var.). — *Nevers* (H. 22 var.). Deniers. AR. B. et TB. (5 p.) — 57

502 — **Louis VII** (**1137-1180**). *Paris* (H. 1). — *Mantes* (H. 3). — *Bourges* (H. 4). — *Etampes* (H. 6). — *Langres* (H. 17). — *Angouleme* (H. 18). Deniers. AR. B. et TB. (8 p.)

503 — **Philippe II Auguste** (**1180-1223**). *Paris* (H. 1). — *Arras* (H. 3). — *St-Martin de Tours* (H. 12). — *Laon* (H. 17). Deniers. AR. B. et TB. (6 p.) — 45

504 — **Louis VIII** (**1223-1226**). *Paris* (H. 1). — *Tours* (H. 3). Deniers. AR. B. et TB. (10 p.)

505 — **Louis IX** (**1226-1270**). Agnel. (H. 1). OR. TB. Rare. *Planche XV*. — 810

506 — — Gros tournois (H. 9). — Denier parisis (H. 11). — Obole tournois (H. 14). B et TB. (4 p.) — 10

507 — **Philippe III** (**1270-1285**). Masse (H. 3). OR. TB. Rare. *Planche XV*. — 920

22. HOFFMAN. *Les monnaies royales de France*. Paris, 1878.

508 — **Philippe III (1270-1285)**. Gros tournois (H. 5). — Obole parisis (H. 7). — Denier tournois (H. 8). — Obole tournois (H. 9). B. et TB. (7 p.)

509 — **Philippe IV le Bel (1285-1314)**. Agnel (H. 1). OR. TB. *Planche XV.*

510 — — Masse (H. 4). OR. TB. *Planche XV.*

511 — — Maille tierce à l'O rond (H. 6). — Gros tournois à l'O rond (H. 8). — Maille tierce (H. 9). — Royal parisis double (H. 20). — Double tournois (H. 23). — Bourgeois fort (H. 26). — Bourgeois simple (H. 28). — Maille bourgeoise (H. 30). B. et TB. (14 p.)

512 — **Louis X (1314-1316)**. Gros tournois (H. 3). B. et TB. (4 p.)

513 — **Philippe V (1316-1322)**. Agnel (H. 1). OR. TB. (Troué.) *Planche XV.*

514 — — Gros tournois (H. 2). — Denier parisis (H. 4). — Denier tournois (H. 6). — Maille tournois (H. 7 et 8). B. et TB. (6 p.)

515 — **Charles IV (1322-1328)**. Royal (H. 2). OR. TB. *Planche XV.*

516 — — Royal (H. 2). TB. — Double parisis (H. 10). OR et AR. (3 p.)

517 — **Philippe VI (1328-1360)**. Écu d'or (H. 3). OR. TB. *Planche XV.*

518 — — Lion d'or (H. 6). OR. TB. *Planche XV.*

519 — — Ange d'or (H. 12). OR. TB. *Planche XV.*

520 — — Chaise d'or (H. 14). OR. TB. *Planche XV.*

521 — — Maille blanche (H. 21). — Gros à la queue (H. 22). — Gros à la couronne (H. 25). — Gros à la fleur de lis (H. 29). — Double parisis (H. 31). — Double parisis (H. 38, 39, 40, 56). — Double tournois (H. 58). B. et TB. (14 p.)

522 — **Edouard III (1346-1356)**. Écu d'or (P. d'A. 2835). OR. TB. *Planche XV.*

523 — **Jean le Bon (1350-1364)**. Mouton d or (H. 3). OR. TB. *Planche XV.*

524 — — Royal d'or (H. 8). OR. TB. *Planche XV.*

525 — — Franc à cheval (H. 10). OR. TB. *Planche XVI.*

526 — — Gros Poillevillain (H. 19). — Gros blanc à la couronne (H. 25 et 28). B. (3 p.)

527 — — Piéfort du gros blanc (H. 34). AB. **Rare.**

528 — **Jean le Bon (1350-1364)**. Gros blanc à la croix cantonnée d'un annelet (H. 33 var.). — Gros blanc Compagnon (H. 41). — Double parisis (H. 58). B. (3 p.)

529 — — Piéfort du double tournois (H. 68 var.). Billon. AB.

530 — **Charles V, dauphin (1349-1364)**. Florin (P. d'A. 4894). OR. TB. *Planche XVI.*

531 — **Charles V (1364-1380)**. Franc à pied (H. 2). OR. TB. *Planche XVI.*

532 — — Franc à pied (H. 2). OR. TB.

533 — — Franc à pied (H. 2). OR. TB.

534 — — Franc à pied (H. 2) OR. TB.

535 — — Franc à pied (H. 2). OR. TB.

536 — — Franc à cheval (H. 4). OR. TB. *Planche XVI.*

537 — — Blanc aux fleurs de lis (H. 7). B. (4 p.)

538 — **Charles VI (1380-1422)**. Écu d'or (H. 1). OR. TB. *Planche XVI.*

539 — — Écu d'or (H. 1). OR. TB.

540 — — Agnel d'or (H. 3). OR. TB. *Planche XVI.*

541 — — Gros dit florette (H. 17). — Blanc dit Guenar (H. 22). — Double tournois dit Niquet (H. 34). B et TB. (13 p.)

542 — **Henri VI (1422-1453)**. Salut fr. à Paris (H. 2). OR. TB. (Troué.) *Planche XVI.*

543 — — Salut fr. à Paris (H. 3). OR. B.

544 — — Salut fr. à Saint-Lô (H. 3). OR. TB. *Planche XVI.*

545 — — Blanc et petit blanc aux écus (H. 6 et 7). — Petit parisis noir (H. 12). — Petit tournois (H. 13). B. et TB. (5 p.)

546 — **Charles VII (1422-1461)**. Écu à la couronne fr. à Saint-Lô (H. 6). OR. TB. *Planche XVI.*

547 — — Royal d'or fr. à Poitiers (H. 9). OR. TB. *Planche XVI.*

548 — — Royal d'or avec FRANCORV : R × O. fr. à Orléans (H. 9). OR. TB. *Planche XVI.*

549 — **Charles VII (1422-1461)**. Petit blanc delphinal (H. 67). B.

550 — **Louis XI (1461-1483)**. Écu au soleil (H. 1). OR. B.

551 — — Écu au soleil fr. à Paris (H. 1). OR. B.

552 — — Écu au soleil fr. à Toulouse (H. 1). OR. TB.

553 — — Écu au soleil fr. à Toulouse (H. 1). OR. TB. *Planche XVI.*

554 — — Écu à la couronne fr. à Bordeaux (H. 4). OR. B. *Planche XVI.*

555 — — Gros de roi (H. 12). — Grand blanc à la couronne (H. 15). — Grand blanc au soleil (H. 19). — Petit blanc au soleil (H. 21). — Double tournois (H. 29). — Patard fr. à Perpignan (H. 31). **Rare.** — Denier tournois (H. 33). — Liard au dauphin (H. 36). B. et TB. (22 p.)

556 — **Charles VIII (1583-1497)**. Écu au soleil fr. à Paris (H. 2). OR. B.

557 — — Écu au soleil fr. à Châlons-sur-Marne (H. 2). OR. *Planche XVI.*

558 — — Écu au soleil fr. à Saint-Pourçain (H. 2). OR. B.

559 — — Écu au soleil fr. à Toulouse (H. 2). OR. B.

560 — — Écu au soleil fr. à Tournay (H. 2). OR. B.

561 — — Carolus (H. 19). — Carolus pour la Bretagne (H. 23). — Hardi (H. 38). — Liard au dauphin (H. 41). B. (8 p.)

562 — **Louis XII (1498-1515).** Écu au soleil fr. à Lyon (H. 1). OR. B.

563 — — Écu au soleil fr. à Lyon (H. 1). OR. B.

564 — — Écu au soleil fr. à Lyon (H. 1). OR. B.

565 — — Écu au soleil avec FRANCORVM, fr. à Poitiers (H. 1). OR. B.

566 — — Écu au soleil avec FRANCORV, fr. à Poitiers (H. 1). OR. TB.

567 — — Écu au soleil fr. à Saint-André de Villeneuve-lès-Avignon (H. 1). OR. B.

568 — — Écu au soleil fr. à Saint-Pourçain (H. 1). OR. B.

569 — — Écu au soleil fr. à Tours (H. 1). OR. TB. *Planche XVI.*

570 — **Louis XII (1498-1515)**. Écu aux Porcs-épics fr. à La Rochelle (H. 6). OR. B.

571 — — Écu aux Porcs-épics fr. à Limoges (H. 6).* OR. B.

572 — — Écu aux Porcs-épics avec + LVDOVICVS:DEI: etc.. fr. à Lyon. OR. TB.

573 — — Variété avec + LVDOVICVS⁝DEI⁝ etc., fr. à Lyon (H. 6). OR. B.

574 — — Écu aux Porcs-épics fr. Montpellier (H. 6). OR. B.

575 — — Écu aux Porcs-épics fr. à Montpellier (H. 6). OR. TB.

576 — — Écu aux Porcs-épics fr. à Rouen (H. 6). OR. TB.

577 — — Écu aux Porcs-épics fr. à Saint-Lô (H. 6). OR. B.

578 — — Écu aux Porcs-épics avec ⁝FRANCORV⁝REX⁝A. fr. à Toulouse (H. 6). OR. TB. *Planche XVI.*

579 — — Variété avec FRANCORVM⁝REX⁝A. fr. à Toulouse (H. 6). OR. B.

580 — — Hardi (H. 49). B. (2 p.)

581 — — **François Ier (1515-1547)**. Écu d'or au soleil à la croix fleurdelisée fr. à Bordeaux. OR. TB. *Planche XVI.*

582 — — Écu d'or fr. à Lyon (H. 1). OR. B.

583 — — Écu d'or fr. à Rouen (H. 1). OR. B.

584 — — Écu d'or fr. à Saint-Lô (H. 1). OR. AB.

585 — — Écu d'or au soleil à la croix cantonnée de deux F couronnés, fr. à Lyon (H. 2). OR. TB. *Planche XVI.*

586 — — Même pièce fr. à Lyon (H. 2). OR. B.

587 — — Écu d'or au soleil fr. à Paris (H. 2). OR. B.

588 — — Écu d'or au soleil à la croix cantonnée aux 1 et 4 d'un F et aux 2 et 3 d'un lis, fr. à Amiens (H. 4). OR. *Planche XVII.*

589 — — Écu d'or au soleil (+ B ✠ FRANCISCVS. D. GRACIA. FRANCORRX ℟. + B ✠ XPS..) fr. à Bayonne (H. 4). OR. TB.

590 — — Écu d'or au soleil fr. à Lyon (H. 4). OR. B.

591 — **François Ier (1515-1547)**. Même pièce fr. à Lyon (H. 4). OR. TB.

592 — — Même pièce fr. à Lyon (H. 4). OR. TB.

593 — — Même pièce fr. à Lyon (H. 4). OR. TB.

594 — — Écu d'or au soleil. + FRACISCVS. DEI : GR. FRACORV. RX ∘ DD. ℟. + XPS : VICIT : XPS : REG : XPS : IPERAP ∘ D. (H. 4). OR. TB. *Planche XVII*.

595 — — Écu d'or au soleil fr. à Paris (avec IMPERAT) (H. 4). OR. B.

596 — — Variété (avec IMPERAT) (H. 4). OR. TB.

597 — — Écu d'or au soleil fr. à Rouen (H. 4). OR. B.

598 — — Écu d'or au soleil fr. à Toulouse (+ FRANCISCVS : DEI : GRA : FRANCOR : REX. ℟. + XPS ∘ VICIT ∘ XPS ∘ REGNAT ∘ XPS ∘ IPERAT) (H. 4). OR. B.

599 — — Variété (+ FRANCISCVS : DEI GRA . FRANCORVM : REX ℟. precédent) (H. 4). OR. B.

600 — — Même pièce (H. 4). OR. B.

601 — — Variété (FRANCISCVS : DEI : GRACIA : FRANCO : REX. ℟. XPS : VINCIT : XPS : REGNAT : XPS : IMPERAT) (H. 4). OR. TB. *Planche XVII*.

602 — — Même pièce. OR. B.

603 — — Écu d'or au soleil à la croix cantonnée aux 1 et 4 d'un lis, aux et 3 d'un F, fr. à Bayonne. FRANCISCVS ∘ FRANCORVM ∘ REX ∘ ℟. XPS ∘ VINSIT ∘ XPS ∘ REGNAT ∘ XPS ∘ IMP (H. 6). OR. B.

604 — — Variété avec FRANCISCVS... ℟. + XPS ∘ VINCIT... IMPERAT. (H. 6). OR. B.

605 — — Variété avec + D : : FRANCISCVS : D : G : FRANCORV : REX : ℟. D : . XPS : REGNAT : XPS : IMPER (H. 6). OR. TB.

606 — — Variété avec D. . FRANCISCVS. DEI. G. FRANCORVM. REX. ℟. D : : XPS : VINCIT : XPS : REGNAT : XPS : INPER (H. 6). OR. B.

607 — — Variété avec + D : : FRANCISCVS. D : G : FRANCOR : REX. ℟. D : XPS : VINCIT : XPS : REGNAT : XPS : IMPS (H. 6). OR. B.

608 — — Variété avec D : : FRANCISCVS : D. GRACIA : FRANCO : R'. ℟. + D : XPS : VINCIT : XPS : REGNAT : XPS : IMPE (H. 6). OR. TB.

609 — — Variété avec D ∘ FRANCISCVS. DG. FRANCORVM : RX. ℟. D ∘ XPS : VINCIT : XPS : REGNAT : XPS : IMPR. (H. 6). OR. B.

610 **François Ier (1515-1547)**. Écu d'or au soleil fr. à Lyon. + FRANCISCVS. DEI. GRACIA ⁝ FRACORV REX ❦. ℞. + XPS. VINCIT. XPS. REGNAT : XPS. IMPERAT ❦ (H. 6). OR. TB. — 230

611 — — Même pièce. OR. TB.

612 — — Variété avec + FRANCISCVS. DEI GRA : FRANCORVM REX ❊ ❦. ℞. + XPS. VINCIT. XPS. REGNAT. XPS. IMPERAT ❊ ❦ (H. 6). OR. TB.

613 — — Écu d'or au soleil avec + FRANCISCVS. DEI : GRA : FRACORVM : REX : I. ℞. + XSP : VINCIT : REGNAT : XPS : IMPERAT (H. 6). OR. B.

614 — — Écu d'or au soleil fr. à Montpellier (H. 6). OR. B.

615 — — Écu d'or au soleil fr. à Poitiers (H. 6). OR. TB. *Planche XVII.* — 75

616 — — Écu d'or au soleil fr. à Toulouse (❦ FRANCISCVS : DEI : GRACIA : FRANCO : REX. ℞. & XPS : VINCIT...). (H. 6). OR. B. — 240

617 — — Variété avec ❦ FRANCISCVS ∘ DEI... CORVM ⁝ RE ∘ C. (H. 6). OR. B.

618 — — Variété avec M à la pointe de l'écu (H. 6). OR. TB. *Planche XVII.*

619 — — Écu d'or au soleil (+ FRANCISCVS : DEI : GRA : FRA : REX ∘ D ∘. ℞. XPS : VINCIT : XPS : REG : IMPER ∘ D ∘). (H. 6). OR. B.

620 — — Écu d'or au soleil (H. 6). OR. AB.

621 — — Écu d'or à la croisette fr. à Bayonne (H. 12). OR. B. *Planche XVII.* — 75

622 — — Écu d'or à la croisette fr. à Bordeaux (H. 12). OR. B. — 55

623 — — Variété de la pièce précédente (H. 12). OR. AB. — 55

624 — — Écu d'or du Dauphiné fr. à Crémieu avec (couronne) FRANCISCVS ⁝ DEI ⁝ GRACIA ⁝ FRANCOR ⁝ REX. ℞. (couronne) XPS ⁝ VINCIT ⁝ XPS ⁝ RENAT ⁝ XPS ⁝ IMPERA (H. 19). OR. TB. *Planche XVII.* — 295

625 — — Variété avec (couronne) + FRANCISCVS ⁝ DEI ⁝ GRA ⁝ FRANCORVN ⁝ REX. ℞. (couronne) + XPS ⁝ VINCIT ⁝ XPS ⁝ RENAT ⁝ XPS ⁝ IMPERAT (H. 19). OR. TB.

626 — — Variété avec (couronne) P FRANCISCVS ⁝ DEI ⁝ GRA ⁝ FRANCORV ⁝ REX. ℞. (couronne) P XPS ⁝ VINCIT ⁝... (H. 19). OR. TB.

627 — — Écu d'or du Dauphiné fr. à Romans +. FRACISCVS. DEI. GRA. FRACO. REX. (R couronné) ℞. XPS. VINCIT. XPS. RENAT. XPS. INPERAT . P. (H. 19). OR. TB.

628 — — Variété avec +. FRANCISCVS... ℞. .... RENA... (H. 19). OR. TB.
et 629

629 — **François Ier (1515-1547)**. Variété avec au ℟... INPERAT.(. (H. 19). OR. B.

630 — — Ecu d'or du Dauphiné à la croix cantonnée de deux F couronnées, fr. à Grenoble. + FRANCISCVS : DEI ∘ GRA. FRANCORVM : R : E. ℟. + XPS : VINCIT : XPS : REGNAT : XPS : IMPERA ✿. (H. 20). OR. TB. *Planche XVII.*

631 — — Ecu d'or du Dauphiné à la croix cantonnée d'un dauphin et d'un F couronné (H. 22). OR. TB. *Planche XVII.*

632 — — Ecu d'or de Bretagne fr. à Rennes (H. 24). OR. B. *Planche XVII.*

633 — — Teston fr. à Lyon (H. 42). AR. B.

634 — — Teston du Dauphiné fr. à Romans (H. 53). AR. TB. *Planche XVII.*

635 — — Douzains à la croisette (H. 108). — Double tournois (H. 112). — Liard au dauphin (H. 124). B et AB. (5 p.)

636 — **Henri II (1547-1559)**. Double henri d'or, Paris 1552 (H. 23). OR. B. *Planche XVII.*

637 — — Double henri d'or, Rouen, 1558 (H. 23 var.). OR. B. *Planche XVII.*

638 — — Double henri d'or, Rouen, 1558 (H. 23 var.). OR. B. *Planche XVII.*

639 — — Double henri d'or, La Rochelle, 1558 (H. 23 var.). OR. TB. *Planche XVII.*

640 — — Demi henri d'or, Rouen, 1558 (H. 25). OR. TB. *Planche XVII.*

641 — — Double henri d'or, fr. Bordeaux, 1557 (H. 28). OR. TB. *Planche XVII.*

642 — — Double henri d'or, Bordeaux, 1558 (H. 28). OR. TB. *Planche XVII.*

643 — — Teston au buste couronné, Nantes, 1556 (H. 32). AR. TB. *Planche XVIII.*

644 — — Teston, Paris, 1553 (H. 40). AR. TB. *Planche XVIII.*

645 — — Teston fr. au moulin de Paris, 1557 (H. 57). AR. TB. *Planche XVIII.*

646 — — Demi-teston fr. au moulin de Paris, 1554 (H. 58). AR. AB.

647 — — Testons, Bayonne 1555, 1557, La Rochelle, 1555, 1558, 1559, Lyon, 1556, 1557, Poitiers, 1555, Rouen, 1554 (H. 59). AR. B et TB. (12 p.)

648 — — Testons, Bordeaux, 1559 (H. 62), Toulouse, 1554, 1555, 1556, 1558, 1559 (H. 65). AR. B et TB. (11 p.)

649 — **Henri II (1547-1559)**. Gros, Paris (H. 70). — Douzains aux croissants, 1550, Saint-Lô et Troyes (H. 74). — Douzain pour le Dauphiné, 1552 (H. 79), — Douzain aux H. Paris, 1553 (H. 80). — Deniers tournois (H. 84 var., 85 et 86). B. et TB. (9 p.)

650 — **François II (1559-1560)**. Gros d'argent. + FRAN. ET. MA. D. G. R. R. FRANCO. SCOTORQ. Écu couronné de France et d'Ecosse, accosté d'une croisette provençale et de la croix de Saint-André. ℟. + VICIT LEO. DE TRIBV. IVDA. 1560. Dans le champ, sous la couronne royale, accostés d'un lis et d'un chardon couronnés, le monogramme FM (H. 3). AR. TB. **Rare**. *Planche XVIII*. — 105

651. — **Charles IX (1560-1574)**. Double henri d'or au buste de Henri II. Rouen, 1560 (H. 23 var. Henri II). OR. TB. *Planche XVIII*. — 1250

652 — — Double henri d'or, Rouen, 1561 (H. 30. Henri II). OR. TB. **Rare**. *Planche XVIII*. — 1605

653 — — Testons au buste d'Henri II, Lyon, 1560, Nantes, 1561, Saint-Lô, 1560 (H. 59, Henri II). AR. B. (3 p.) — 90

654 — — Testons du Dauphiné, Grenoble. 1560, 1561 (H. 60, Henri II), Toulouse, 1560 (H. 65, Henri II), Bayonne, 1560, 1561 (H. 67, Henri II). AR. B. et TB. (7 p.)

655 — — Écu d'or au soleil. La Rochelle, 1568 (H. 1). OR. B. — 200

656 — — Écu d'or au soleil, Limoges, 1566. OR. TB. (2 p.)

657 — — Écu d'or au soleil, Limoges, 1567. OR. TB.

658 — — Écu d'or au soleil, Limoges, 1568. OR. TB.

659 — — Écu d'or au soleil, Lyon, 1566. OR TB. *Planche XVIII*. — 205

660 — — Écu d'or au soleil. Lyon, 1567. OR. TB.

661 — — Écu d'or au soleil, Paris, 1570. OR. B.

662 — — Écu d'or au soleil, Paris, 1571. OR. TB.

663 — — Écu d'or au soleil. Rouen, 1566. (✿ CAROLVS. IX. D. G. FRANC. REX). OR. TB. — 220

664 — — Variété avec (✿ CAROLVS. VIIII. D. G. FRANCOR. REX). OR. TB.

665 — — Écu d'or au soleil, Rouen, 1567. OR. TB.

666 — — Écu d'or au soleil, Tours, 1562. OR. TB.

667 — **Charles IX** (**1560-1574**). Testons, Bordeaux, 1573, La Rochelle, 1561, 1562, 1564, Nantes, 1562, 1567, Paris, 1562, Rouen, 1562, Toulouse, 1562, 1563, 1565, 1566, 1570, etc. (H. 10). AR. B. et TB. (21 p.)

668 — — Testons, Poitiers, 1574 (H. 12), Bayonne, 1562, 1565, 1568 (H. 15), demi-teston, Rennes, 1563 (H. 16). AR. B. et TB. (8 p.)

669 — — Testons du Dauphiné, Grenoble, 1563, 1564 (H. 17), La Rochelle, 1575, Limoges, 1562, 1564, Lyon, 1563, 1567, Toulouse, 1562 (H. 18), Toulouse, 1574, etc. (H. 25). AR. B. et TB. (12 p.)

670 — **Henri III** (**1574-1589**). Teston au buste de Charles IX, Lyon, 1575 (H. 25, Charles IX). AR. B.

671 — — Écu d'or au soleil, Saint-Lô, 1578 (H. 6). OR. TB. *Planche XVIII.*

672 — — Testons, Nantes, 1575 et Toulouse, 1576 (H. 9), Rennes, 1575 (H. 11 var.). AR. B. et TB. (5 p.)

673 — — Franc, Angers, Lyon, Paris, etc. (H. 20). AR. B. et TB. (10 p.)

674 — — Demi-franc, Limoges, etc. (H. 23). AR. B. et TB. (25 p.)

675 — — Quart d'écu, 1587 (H. 29), huitième d'écu, Rouen, 1587 (H. 31), gros et demi-gros de Nesle 1551, 1589 (H. 36, 38), gros de Nesle au Dauphin (H. 39). AR. B. et TB. (5 p.)

676 — — Double sol parisis (H. 41), Douzains (H. 42), douzains du Dauphiné (H. 44), Liard au Saint-Esprit (H. 48), liard (H. 51). Deniers et double tournois (H. 58 et 63). AR et cuivre. B. et TB. (12 p.)

677 — **Charles X, roi de la Ligue** (**1589-1590**). Écu d'or au soleil, Paris, 1591 (H. 1). OR. TB. *Planche XVIII.*

678 — — Quart d'écu, Dinan, 1596, Nantes, Paris, 1591 (H. 8). AR. B. (5 p.)

679 — **Henri IV** (**1589-1610**). Écu d'or au soleil, Rouen 1607 (H. 5). OR. TB. *Planche XVIII.*

680 — — Quart d'écu, Toulouse, 1597 (H. 28 v.), de Navarre, 1599 et 1600 (H. 29), de Béarn et de Navarre, 1592 (H. 32). AR. B. et TB. (4 p.)

681 — — Demi-franc, Angers, 1588 et Toulouse 1605 (H. 34 var.), demi-franc, Saint-André de Villeneuve-lès-Avignon (H. 39 var.), gros de Nesle (H. 57), liard de Béarn (H. 72). AR. et billon. B. (5 p.)

682 — **Louis XIII** (**1610-1643**). Louis, Paris, 1641 (H. 22). OR. TB. *Planche XVIII.*

683 — **Louis XIII (1610-1643)**. Louis d'argent de 30 (*planche*) et 15 sols, Paris, 1642 (H. 88-89), liard de Béarn (H. 120 v.). AR. et cuivre. B. et TB. (3 p.) — 30

684 **Louis XIV (1643-1715)**. Louis à la mèche longue, Arras, 1653 (H. 12). OR TB. *Planche XVIII*.. — 220

685 — Double louis d'or, 1710, Dijon (H. 41). OR. TB. *Planche XVIII*. — 1400

686 — — Demi et douzième d'écu à la mèche courte. Paris, 1643 et 1644. 15 deniers, Paris, 1664 (H. 59, 63 et 70). AR. TB. (3 p.) — 50

687 — — Écu blanc de 60 sols, Nantes, 1653 et quart d'écu, 1650, Paris (H. 74 et 77). AR. TB. (2 p.)

688 — — Demi-écu blanc, Nantes, 1659 et quatre sols 1692 (H. 103 et 138). B. et AB. (2 p.) — 45

689 — — Écu aux huit L, Rennes, 1709 (H. 174). AR. TB.

690 — — Denier tournois (H. 227), Liard et liard aux deux bustes (H. 235, 236, 244 et 247). Cuivre. B. (36 p.)

691 — **Louis XV (1715-1774)**. Louis aux lunettes, Bayonne, 1736 (H. 16). OR. B. — 115

692 — — Dixième d'écu vertugadin, Lille, 1717 (H. 30) et écu aux huit L, Amiens, 1724 (H. 45). AR. B (2 p.) — 94

693 — — Écu aux lauriers, Paris, 1729, demi-écu, Rouen, 1730, cinquième, Paris, 1729, dixième, Bourges, 1726, vingtième, Rennes, 1729 (H. 50, 51, 52, 53 et 54). B. et TB. (5 p.)

694 — — Écu au bandeau, Bayonne, 1765, demi, Lille, 1748, 24 sols, Amiens, 1770, 12 sols, Bayonne, 1769 et 6 sols, Dijon (H. 55, 58, 59, 60 et 61). AR. B. et TB. (5 p.)

695 — **Louis XVI (1774-1793)**. Louis d'or, Lyon, 1788 (H. 6). OR TB. *Planche XVIII*. — 280

696 — — Écu de six livres aux palmes, Bayonne, 1787, petit écu, Paris, 1791, 24 sols, Paris, 1778, 12 sols, Paris, 1779, 6 sols, Paris, 1783 (H. 11, 13, 14, 15 et 16). Sol, demi-sol et liard (H. 17, 18, 19). 3 sols et 2 sous des colonies (H. 26 et 29), 2 sols et 12 deniers (H. 71 et 72). B. et TB. (17 p.) — 50

FRANCE[23]

AQUITAINE (Duché).

697 — **Charles de France (1468-1474)**. Hardi. ★ KAROLVS ★ DVX (lis) AQVITANIE ★. Buste du Prince de face tenant épée. ℟. (Navire). ★ XPC. VINCIT..., etc. Croix feuillue cantonnée de deux lions et de deux lis). (P. d'A., 3143). OR. TB. **Rare.**
Planche XVIII.

PROVENCE

698 — **Jeanne de Naples** (1343-1352). Franc à pied. IOANNA. RE. DEI. G. IIIR. ET. SICL. La reine deb. sous un dais gothique, tenant sceptre et épée. ℟. ✠ COMETISA ★ PROVINCIE ★ ET ★ FOLCACRRII ★ AN ★ P. Croix fleuronnée cantonnée de deux couronnes et de deux lis. (P. d'A., 4009 var.). OR. TB. *Planche XVIII*

SAINT-EMPIRE ROMAIN

ALLEMAGNE-AUTRICHE

699 — **Louis II de Bavière (1314-1347)**. Chaise d'or. ✠ LVDOVICVS : DEI'' GRA'' ROMANORVM : IMP'. Le Roi assis de face sur un siège gothique, tenant épée et écu à l'aigle bicéphale. ℟. ✠ XPC 8 VINCIT 8 ..., etc. Croix feuillue dans une rosace.
OR. FDC. *Planche XIX.*

700 — **Charles-Quint (1519-1556)**. Réal d'or s. d. fr. à Anvers .KAROLVS. D. G. ROM. IMP : Z. HISPA. REX. L'Empereur à mi-corps de face tenant épée et globe. ℟. DA. MIHI. VIRTVTE. CONTRA. HOSTES. TVOS. L'aigle impérial portant l'écu. OR. TB. *Planche XIX.*

701 — Autre légère variété. OR. TB.

702 — Demi-réal d'or. Types précédents. OR. B. *Planche XIX.*

703 — **Ferdinand Ier (1539-1564)**. Thaler, 1556. AR. B.

23. POEY D'AVANT. *Monnaies féodales de France.* Paris, 1858.

704 — **Rodolphe II (1575-1612)**. Dix ducats. ✠ MAXI. I. CARO. Y. ET FERD. D. G. ROM. CÆS. REG. HISP. Bustes couronnés des trois empereurs à dr. ℞. ✠ HVNG. BO. DAL. CROZC. ARCHID. AVST. DV. BVRG. Aigle bicéphale chargé en cœur de l'écu mi-parti de Castille et d'Autriche. OR. TB. *Planche XIX*. — 1250

705 — **Matthias II (1612-1619)**. Dix ducats 1616. ✝ MATTHIAS. D : G : R : I : S Ⓥ AVG : G : HVN : BO : REX. Buste lauré, cuirassé et drapé à dr. ℞. ARCHID. AVS : DVX. BVR : CO : TYR : ZC. 1616. Aigle impérial couronné chargé en cœur d'un écu entouré de la Toison d'or. OR. TB. *Planche XIX*. — 1400

706 — **Léopold, archiduc d'Autriche**. Thaler pour le Tyrol, 1627. AR. FDC. — 50

707 — **Ferdinand II (1619-1637)**. Thaler, 1636. AR. TB. — 20

708 — **Ferdinand III (1636-1657)**. Dix ducats 1652. ★ FERDINANDVS : III : D : G : ROM Ⓥ IM : SE : AV : GE : HV : BO : REX. Buste lauré drapé et cuirassé à dr. Sous la tranche du bras 1652. ℞. ARC : DVX : AVSTD. BVR : S : K : C : C : TVR. Aigle impérial sous une couronne, portant en cœur les armes complètes d'Autriche entourées du collier de la Toison d'or. Au-dessous petit écusson couronné d'Autriche. OR. FDC. *Planche XIX*. 1310

709 — **Léopold Ier (1658-1705)**. Double thaler pour le Tyrol, s. d. AR. FDC. *Planche XIX*. — 115

710 — Autre variété. AR. FDC. *Planche XIX*. — 140

711 — Thaler pour le Tyrol, 1668 et 1701. AR. FDC. (2 p.)

BOHÊME

712 — **Marie-Thérèse (1740-1780)**. Joachim Thaler, 1758. AR. TB. — 45

BRUNSWICK

713 — **Henri-Jules**. Thaler, 1608 et **Auguste de Dannenberg**, Thaler, 1651. AR. TB. (2 p.) — 27

714 — **Ernest-Auguste, évêque d'Osnabrück (1662-1698)**. 1 1/2 thaler des mines. SOLA BONA QUÆ HONESTA. Monogr. couronné entouré de laurier et de 15 écussons couronnés. En bas, RE, ANNO 1688 et contremarque portant 1 1/2. ℞. Cheval à g. couronné de laurier par une main sortant des nuages. Au-dessous une exploitation de mine. — 186

AR. 63 mm. TB. *Planche XIX*.

HONGRIE

50 [715 — **Mathias II (1608-1619)**. Thaler de Kremnitz, 1611. AR. TB.

716 — **Léopold I (1656-1705)**. Thaler de Kremnitz, 1659. AR. TB.

Saxe (Branche albertine).

2.100 - 717 — **Jean-Georges I (1615-1656)**. Dix ducats, 1630. TURRIS-FORTISSIMA-NOMEN-DOMINI. Buste à droite de Jean le Constant en habit électoral, tenant glaive. La légende coupée par 4 écussons. ℟. CONFESS: LUTER : AUG : EXHIBITÆ : SECULUM. Buste de Jean-Georges à dr. tenant glaive et écusson écartelé. OR. TB. *Planche XX.*

Pièce fr. à l'occasion du Jubilé de la Confession d'Augsbourg (1530-1630).

TRANSYLVANIE (PRINCIPAUTÉ)

1.105 - 718 — **Michel Apafi**. Dix ducats 1662. + MICHA. APAFI. D. G. PR. TR. Le Prince cuirassé à droite coiffé du bonnet, tenant un sceptre. ℟. ✿ PAR. REG. HVN. D. E. SICV. CO., 1662. Grand écusson couronné. OR. TB. *Planche XX.*

OLMUTZ (ÉVÊCHÉ)

1550 - 719 — **Charles, comte de Lichtenstein (1664-1695)**. Cinq ducats 1678. .CAROL. D: G. EPVS. OLOMVCENSIS. DVX. S. R. I. PCEPS. Buste à droite. ℟. ✿. REG : CAP : BOHE : ET. DE LIECHTENSTAIN C M. Grand écu posé sur la crosse et l'épée, surmonté d'une couronne et d'une mitre. OR. TB *Planche XX.*

HILDESHEIM (VILLE)

1400 - 720 — **Charles-Quint (1519-1556)**. Quadruple ducat. ✿ CAROLVS. V. ROM. IMP. Q. FELICISS. ET. TRIVMP. AVGV. Buste à dr. avec manteau et bonnet. ℟. INSIG. A. CAR. V. RO. IMP. HILD. AO. 1528. COLLATA. Écusson avec casque, cimier et lambrequins. OR. TB. *Planche XX.*

Frappée pour commémorer le souvenir des Armoiries données par Charles-Quint à la ville d'Hildesheim.

RATISBONNE (VILLE)

105 [721 à 723 — Thaler de Convention au buste de François Ier d'Autriche, 1754. AR. FDC.

SALZBOURG (VILLE)

722 — **Paris de Lodron (1619-1653)**. Thaler, 1623. AR. TB.

723 — **Maximilien Gandolf (1668-1687)**. Thaler de Jubilé, 1682. AR. TB.

PAYS-BAS

FLANDRE (COMTÉ)

724 — **Louis de Mâle (1346-1384)**. Chaise d'or. ✠ LVDOVICVS:DEI×GRA×COM:Z:DNS:FLAND'. Le comte assis de face sur un trône gothique, tenant épée et l'écu au lion de Flandre. ℞. ✠ XPC:VINCIT:..., etc. Croix tréflée dans une rosace. (Gaillard, nº 207). OR. FDC. *Planche XIX.* - 110

725 — **Philippe le Bon (1419-1467)**. Franc à cheval. PHS:DEI:GRA:DVX:BVRG:Z:COMES: FLANDRIE. Le Prince galopant à dr. Sous le cheval ×FLAD×. ℞. + SIT:NOMEN: ..., etc. Écu posé sur une croix feuillue. OR. TB. *Planche XIX.* - 130

726 — — Lion d'or. PHS:DEI:GRA:DVX:BVRG:COM:FLANI. Lion assis à g. sous un dais, accosté de briquets. ℞. + SIT:NOMEN:..., etc. Écu écartelé sur une croix feuillue. OR. TB. *Planche XX.*

727 — **Philippe II (1555-1576)**. Écu d'or fr. à Bruges. DOMINVS: MIHI. ADIVTOR. ⚜. Écusson couronné accosté de P. ℞. (Soleil). PHS.D:G.HISP.Z.REX.COMES:FLAN. Croix fleurdelisée cantonnée de deux briquets et de deux lions. OR. TB. *Planche XX.* - 220

728 — — Réal d'or fr. à Bruges. .PHS.D:G.HISP.Z.REX.COMES:FLAN. Buste cuirassé et couronné à dr. ℞. DOMINVS:MIHI:ADIVTOR:⚜. Écu couronné entouré du collier de la Toison d'or. OR. TB. *Planche XX.*

729 **Albert et Isabelle (1598-1621)**. Double souverain, 1613. + ALBERTVS. ET. ELISABET. DEI. GRATIA. ARCH. DVCES. Le roi et la reine assis de face. Au-dessous 1613. ℞. .AVSTRIÆ. DVCES. BVRGVNDIÆ. ET. COMIT. FLA. Écusson couronné entouré du collier de la Toison d'or. OR. TB. *Planche XX.* - 175

GUELDRE (DUCHÉ DE)

730 — **Charles-Quint**. Écu d'or au soleil fr. à Nimègue, 1544. CAROLVS. D. G. ROM. IMP. HISP. REX. D. GELR. Écu couronné accosté de briquets. ℟. ✠ DA. MIHI., etc. Croix fleurdelisée cantonnée de deux aigles bicéphales et de deux tours. OR. TB. *Planche XX.*

731 — **Philippe II**. Écus fr. à Nimègue, 1561 et 15..?. AR. B. (2 p.)

BRABANT (DUCHÉ)

732 — **Jean II (1294-1312)**. Demi-gros (de Witte, n° 310). AR. TB.

733 — **Jean III (1312-1355)**. Plaque et gros au lion (de Witte. 344, 348 et 359). AR. B et TB. (4 p.)

734 — **Philippe-le-Bon (1430-1467)**. Franc à cheval. PHS'※DEI※GRA※DVX※BVRG※BRAB※Z※LIMBVRG. Le duc galopant à dr. Sous le cheval ·BRAB'·. ℟. + SIT※NONEN※..., etc. Écu posé sur une croix feuillue. OR. TB. *Planche XX.*

735 — **Charles le Téméraire (1467-1477)**. Double briquet 1475 et briquet 1476. AR. B. (2 p.)

736 — **Marie de Bourgogne**. Double briquet (de Witte 507). AR. B. et TB.

737 **Philippe le Beau**. Toison d'argent, etc. (de Witte 605, 609, etc.). AR. B. et TB. (5 p.)

738 **Charles-Quint**. Écu d'or 1544 fr. à Anvers. CARO : D : G : RO : IMP : HISP : REX : DVX : BVR : Z : BRA. Écusson couronné accosté de briquets. ℟. (main). DA. MIHI, etc. Croix fleurdelisée cantonnée de deux aigles bicéphales et de deux tours. OR. TB. *Planche XXI.*

739 — Même pièce de 1545. OR. TB.

740 — Vlieger d'argent 1542 et double sol. AR. B. et TB. (4 p.)

741 — **Philippe II (1555-1598)**. Demi-réal d'or fr. à Anvers. .DOMINVS. MIHI. ADIVTOR Buste à dr. ℟. PHS. D. G. HISP. Z. REX. DVX. BRA. Ecusson couronné. OR. B. *Planche XXI.*

741 *bis* — Écus fr. à Anvers, 1558, 1559 et 1561. AR. B. (3 p.)

HOLLANDE (COMTÉ)

742 — **Charles-Quint**. Écu d'or au soleil fr. à Dordrecht. CARO. D. G. ROM. IMP. HISP. REX. DVX. BVRG. CO. HO. Écu couronné accosté de deux briquets. ℟. ⁊ DA. MIHI. VIRTVTE. COTRA. HOSTES. TVOS. Croix fleurdelisée cantonnée de deux aigles bicéphales et de deux tours. OR. TB. *Planche XXI.* — 65

743 — **Philippe II**. Écus fr. à Dordrecht 1557 et date illisible. AR. B. (2 p.)

HOLLANDE (PROVINCE)

744 — Ducat 1702. OR. TB. *Planche XXI.* — 410

ESPAGNE

745 — **Salmantica**. Ergivius. ID. N. MN. ERVIG. Buste à dr. avec croix. ℟ SALMANTIC... I G IO. (Heiss pl X 16 var.) OR. TB. *Planche XXI.* — 85

746 — **Ferdinand et Isabelle**. Double ducats. OR. (8 p. var.) *Planche XXI.* — 710

747 — **Charles Quint et Jeanne la Folle**. Écu d'or. OR. (6 p.) *Planche XXI.* — 250

748 — **Philippe II**. Double écu d'or. OR. (5 p.) *Planche XXI.* — 345

749 — Écu d'or. OR. (2 p.)

PORTUGAL

750 — **Jean III (1521-1557)**. Écu d'or fr. à Lisbonne. A IOANES : A. III. A. R : A. POR. Écu couronné accosté de R L. ℟. A. IN : A. HOC : A. SIGNO : L. VIN. Croix. OR. TB. *Planche XXI.* — 145

751 — **D. Sébastien (1557-1578)**. Vicente fr. à Lisbonne. † SEBASTIANVS : I : REX : PORTUGALLIÆ : ET. Écusson couronné accosté de L G. ℟. ZELATOR : FIDEI : VSQVE : ADMOREM. St-Vincent deb. à dr. OR. TB. *Planche XXI.* — 505

752 — **D. Sébastien (1557-1578).** Écu à 500 reis. OR. TB. et B. (9 p.) *Planche XXI.*

753 — Écu s. d. SEBASTIANVS. I. R. PORTVG. Écusson couronné. ℟. † IN-HOC-SIGNO-VICES. Croix évidée coupant la légende. OR. TB. *Planche XXI.*

ITALIE

ÉTRURIE

754 **François III de Lorraine.** Écu de Pise, 1748. Buste lauré et cuirassé à dr. ℟. Écusson d'Autriche. AR. TB.

FERRARE

755 — **Hercule II d'Este (1534-1559).** Écu d'or. (Soleil). HERCVLES. II. DVX. FERRAR. III. Écu. ℟. IN. TE. QVI. SPERAT. NON. CONFV. Ste Madeleine au pied de la croix. OR. TB. *Planche XXI.*

LOMBARDIE

756 — .REGII. LOMBARDIE. 1553. Écu. ℟. CVIVS. CRVORE. SANATI. SVMVS. Le Christ, debout, tenant croix. A ses pieds un calice. OR. TB. *Planche XXI.*

757 — Variété, 1555 avec LONBARDIAE. OR. B. *Planche XXI.*

NAPLES

758 — **Philippe II d'Espagne (1554-1598).** Ducat s. d. PHILIPP. REX. ARAGON. VTRI Buste à dr. Sous le buste. ✿. Derrière la tête IBR et PV en monogr. ℟. SICIL. ET. HIERVSAL.. Écu sous une couronne. OR. TB. *Planche XXI.*

ROME

759 — **Caliste III (Alfonse Borgia, 1455-1458).** Ducat. .+. CALISTVS.. PP. TERTIVS. Écu pontifical. ℟. ⁘ MODICE. FIIDEI. QVARE. DVBITATIS ⁘. St Pierre dans une barque. OR. TB. *Planche XXI.*

760 **Pie II (Enea Silvio Piccolomini, 1458-1464).** Ducat. .+ PIVS. PAPA. SECVNDVS. Écu pontifical. ℟. .+ S. PETRVS.. ALMA. ROMA. St Pierre debout de face. OR. TB. *Planche XXI.*

761 — **Siste IV (François della Rovere, 1471-1484).** Ducat. SIXTVS. PP. ❀ QVARTVS. Écu pontifical. ℟. SANCTVS. PETRVS. ALMA. ROMA. Dans une barque, St Pierre pêchant OR. TB. *Planche XXI.* — 160

762 — **Innocent VIII (J.-B. Cibo. 1484-1492).** Ducat. ○ INNOCENTIVS ○ PP ○ VIII ○. Écu pontifical. ℟. ○ SANCTVS ○ PETRVS ○ ALMA ○ ROMA. Dans une barque, St Pierre pêchant. OR. TB. *Planche XXI.* — 170

763 — **Alexandre VI (Rodrigue Borgia, 1492-1503).** Ducat. ○ ALEXANDER ○○ VI. PONT. MAX ○. Écu pontifical. ℟. ○ SANCTVS ○ PETRVS ○ ALMA ❀ ROM. Dans une barque, St Pierre pêchant. OR. TB. *Planche XXII.* — 350

764 - Variété avec ALMA ○ ❀ ○ ROMA. OR. TB. *Planche XXII.*

765 — **Jules II (Jules della Rovere, 1503-1513).** Ducat. ○ IVLIVS ○ II ○ PONT ○ MAX. Écu pontifical. ℟. ○ SANCTVS ○ PETRVS ○ ○ ALMA ❀ ROM. Dans une barque, St Pierre pêchant. OR. TB. *Planche XXI.* — 115

766 — **Léon X (Giovanni de Medicis, 1513-1521).** Ducat. ○ LEO ○ X ○○ PONTMAX. Ecu pontifical. ℟. ○ SANCTVS. PETRVS. ALMA. ROM. St Pierre et St Paul dans une barque. OR. TB. *Planche XXII.* — 150

767 — — LEO PAPA. .DECIMVS. Écu pontifical. ℟. SANCTVS. PETRVS. ALMA. ROMA. Dans une barque, St Pierre pêchant. OR. TB. *Planche XXII.* — 150

768 — **Clément X (Émile Altieri 1670-1676).** Écu 1671. Buste à dr. ℟. La Clémence et à la Libéralité deb. AR. TB. *Planche XXII.* — 67

769 — Écu 1675. Armes pontificales. ℟. La Porte de St-Pierre. AR. B. (Troué). — 15

SAVOIE

770 — **Emmanuel Filibert (1553-1580).** Doppia, 1571. .EM. FILIB. D. G. DVX. SAB. P. PED. Buste cuirassé et drapé à dr. ℟. .IN. TE. DOMINE. CONFIDO. 1571. Écu couronné. OR. TB. *Planche XXII.* — 700

771 — Écu d'or, 1564. EM. FILIB. D. C. DVX. SAB. C. NICIE. Écu couronné. ℟. (Soleil). IN. TE. DOMINE. CONFIDO. 1564. Croix ornée cantonnée de FERT. OR. B. *Planche XXII.* — 215

TOSCANE

772 — **Cosme I (1536-1574).** Écu d'or. (Soleil). COSMVS. MED. R. P. FLOR. DVX. II. Ecu couronné. ℟. ·DEI · VIRTVS · EST · NOBIS. Croix ornée. OR. B. *Planche XXII.* — 60

VENISE

773 — **André Gritti (1523-1539).** Ducat. ✝ · SANCTVS MARCVS · VENETVS. Écu au lion. ℟. ✝ · ANDREAS · GRITI · DVX · VENETIA. Croix ornée. OR. TB. *Planche XXII.* — 80

ANGLETERRE

260 — 774 — **Edouard III (1327-1377).** Noble à la rose. Frappé à Calais. OR. TB. *Planche XXII.*

130 — 775 — **Edouard IV (1461-1483).** Noble à la rose. Fr. à Londres (Soleil). OR. TB. *Planche XXII.*

180 — 776 — 1/2 noble. Fr. à Londres (Couronne). OR. TB. *Planche XXII.*

650 — 777 — Angelot. Fr. à Londres (Rose). OR. B. *Planche XXII.*

100 — 778 — **Henri VII (1485-1509).** Angelot. Fr. à Londres. OR. B. *Planche XXII.*

80 — 778 *bis* — **Henri VIII (1509-1549).** Angelot. Fr. à Londres. OR. TB.

220 — 779 — **Marie-Tudor (1553-1558).** Angelot. OR. B. *Planche XXII.*

1520 — 780 — **Elisabeth (1558-1602).** Souverain s. d. ELISABETH : D : G : ANG : FRA : ET : HIB : REGINA. : (coquille). La Reine assise de face, tenant sceptre et globe. A ses pieds portcullis. ℞. (coquille). A.DNO : FACTV : EST : ISTVD. ET. EST. MIRAB : IN. OCVLIS. NRS. Écusson aux armes d'Angleterre dans une double rose. OR. TB. **Rare.** *Planche XXII.*

EMPIRE OTTOMAN

80 — 781 — **Saint-Jean d'Acre.** Dinar du Califf El Amar (1220 ap. J.-C.). OR.

781 *bis* — Dinard arabe. OR.

FRANCE

60 — 782 — **Montfort-le-Rotrou (Sarthe).** .SEEL DE MONTFORT LE ROTRO. Écusson écartelé. Cachet. Appendice enlevé. Cuivre 31 mm. B. *Planche XXII.*

DIVERS

80 — 783 — **Lots de monnaies et médailles** grecques, romaines, françaises, étrangères. AR. et Cuivre. *(A diviser.)*

784 — Cartons à médailles.

785 — Coffre avec tiroirs

Produit : 140.697 fr.

PL. II

73

J. FLORANGE, Expert, 17, rue de la Banque, Paris.

68

L. CIANI, Expert, 54, Rue Taitbout, Paris.

J. FLORANGE, Expert, 17, rue de la Banque, Paris.

L. CIANI. Expert, 54, rue Taitbout, Paris.

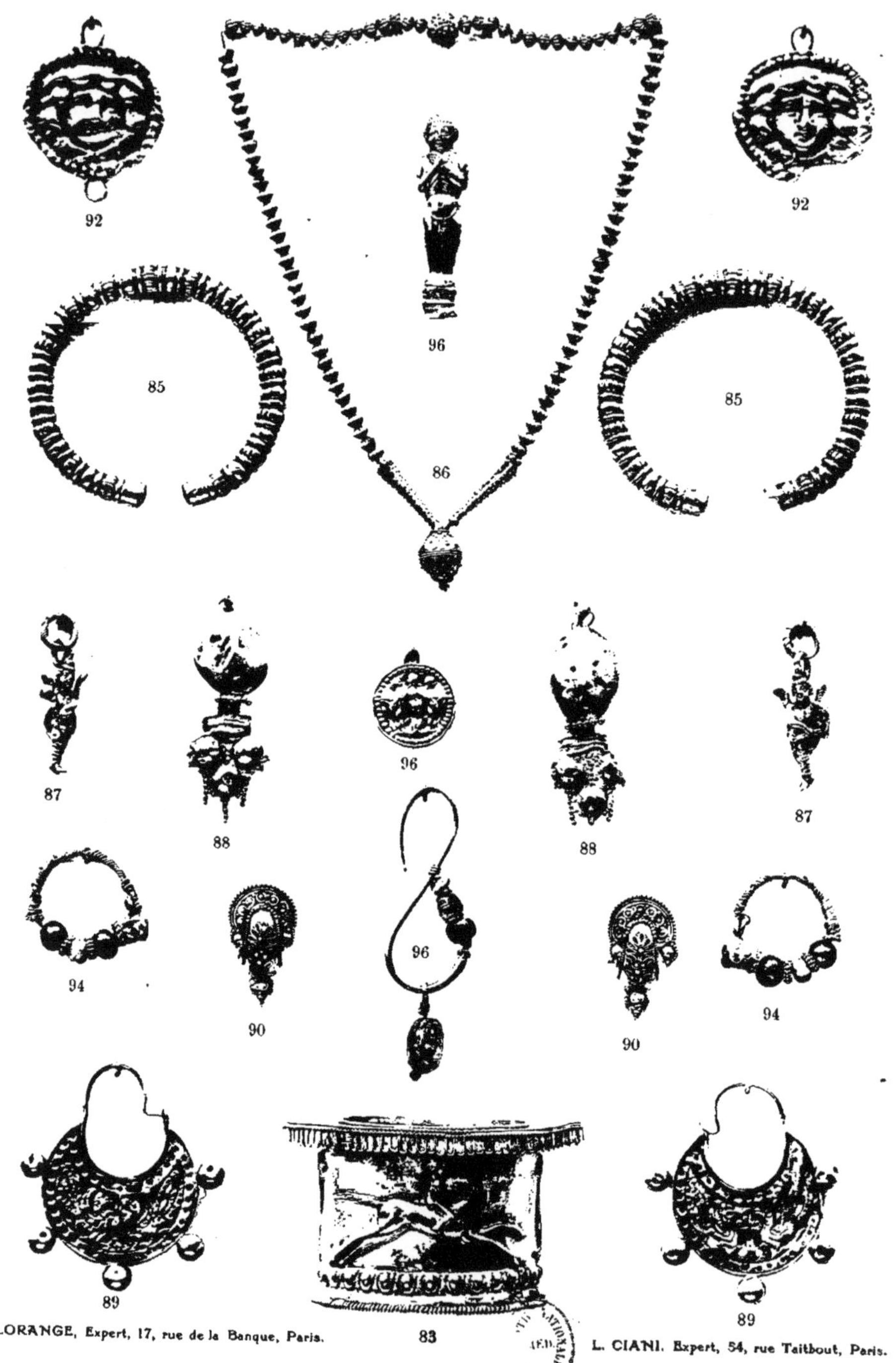

J. FLORANGE, Expert, 17, rue de la Banque, Paris.

L. CIANI. Expert, 54, rue Taitbout, Paris.

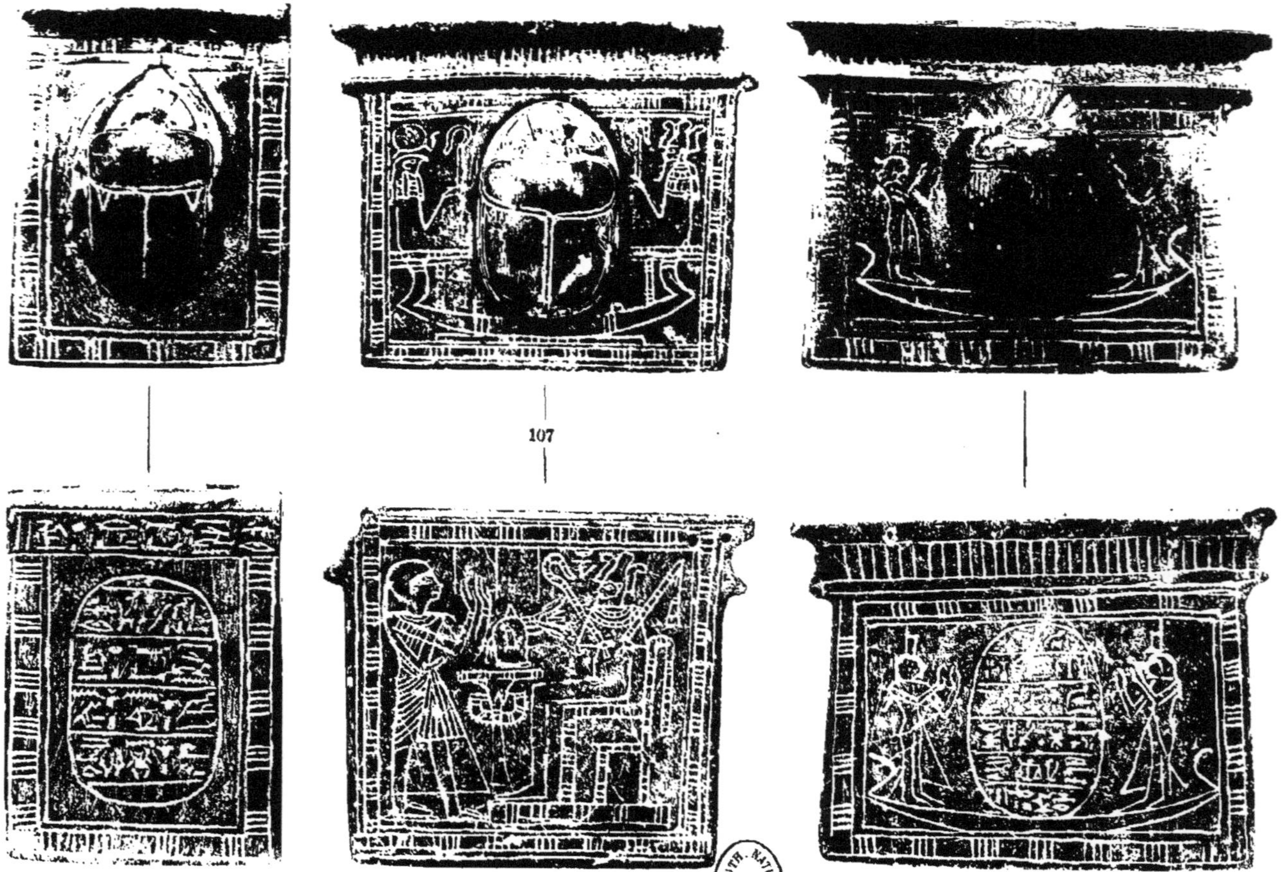

PL. V

107

J. FLORANGE, Expert, 17, Rue de la Banque, Paris.

L. CIANI, Expert, 54, Rue Taitbout, Paris.

PL. VI

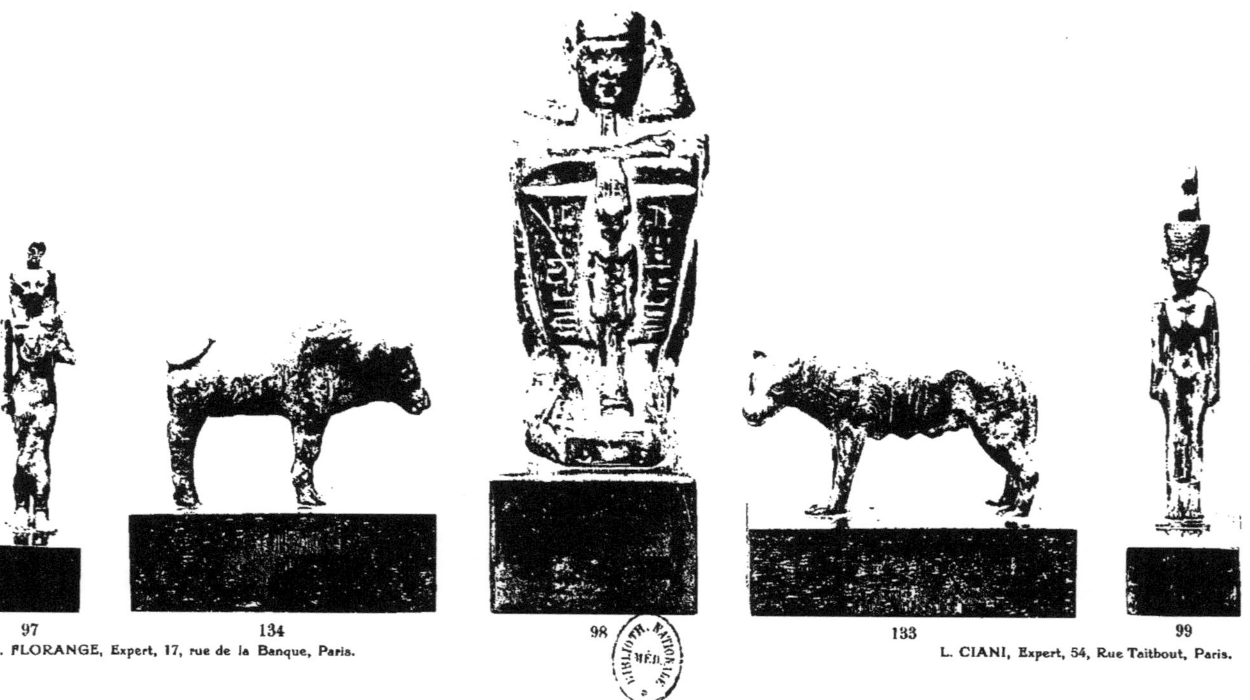

97 134 98 133 99

J. FLORANGE, Expert, 17, rue de la Banque, Paris.

L. CIANI, Expert, 54, Rue Taitbout, Paris.

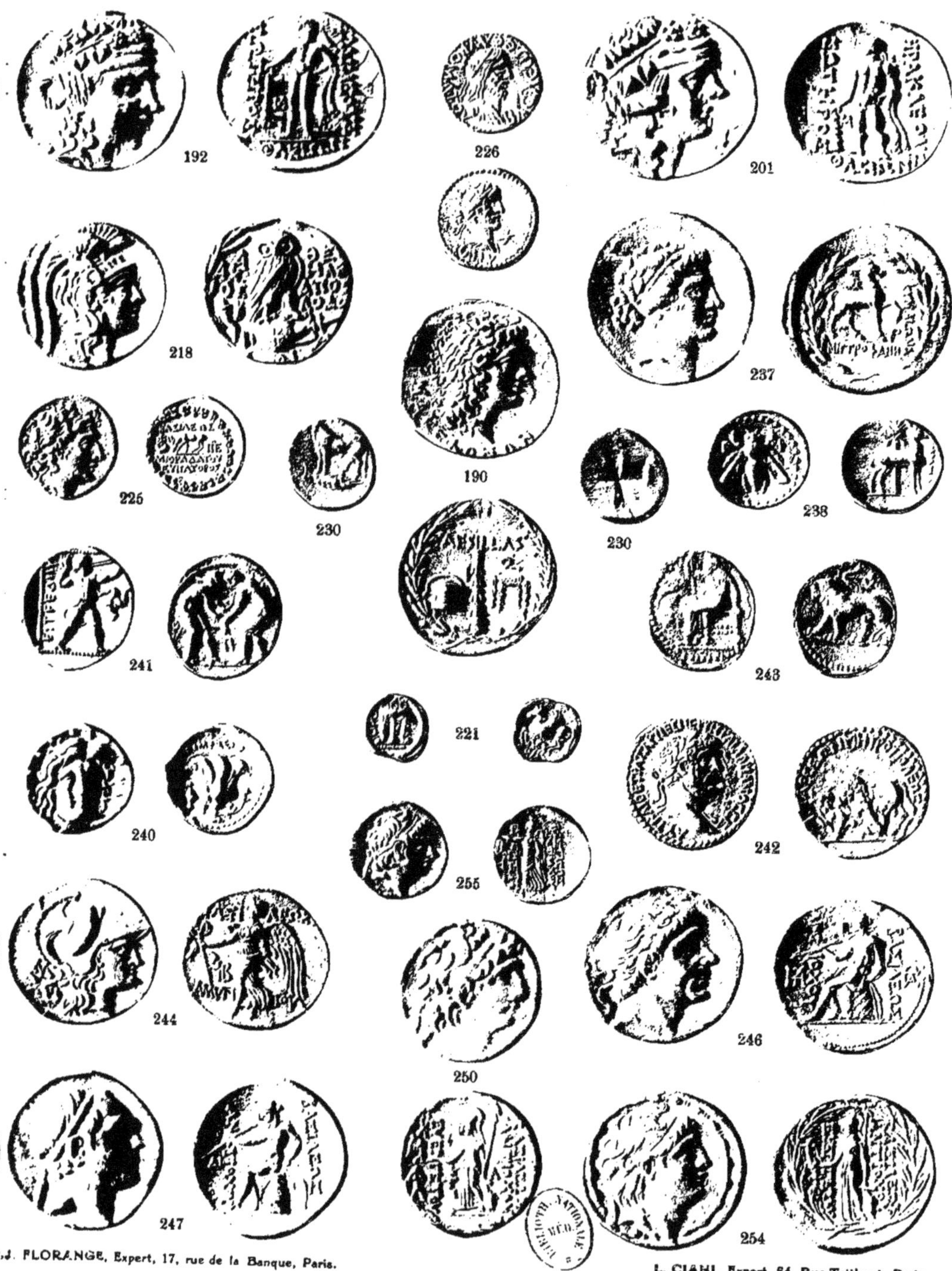

J. FLORANGE, Expert, 17, rue de la Banque, Paris.

L. CIANI, Expert, 54, Rue Taitbout, Paris.

FLORANGE, Expert, 17, Rue de la Banque, Paris.

L. CIANI, Expert, 54, Rue Taitbout, Paris.

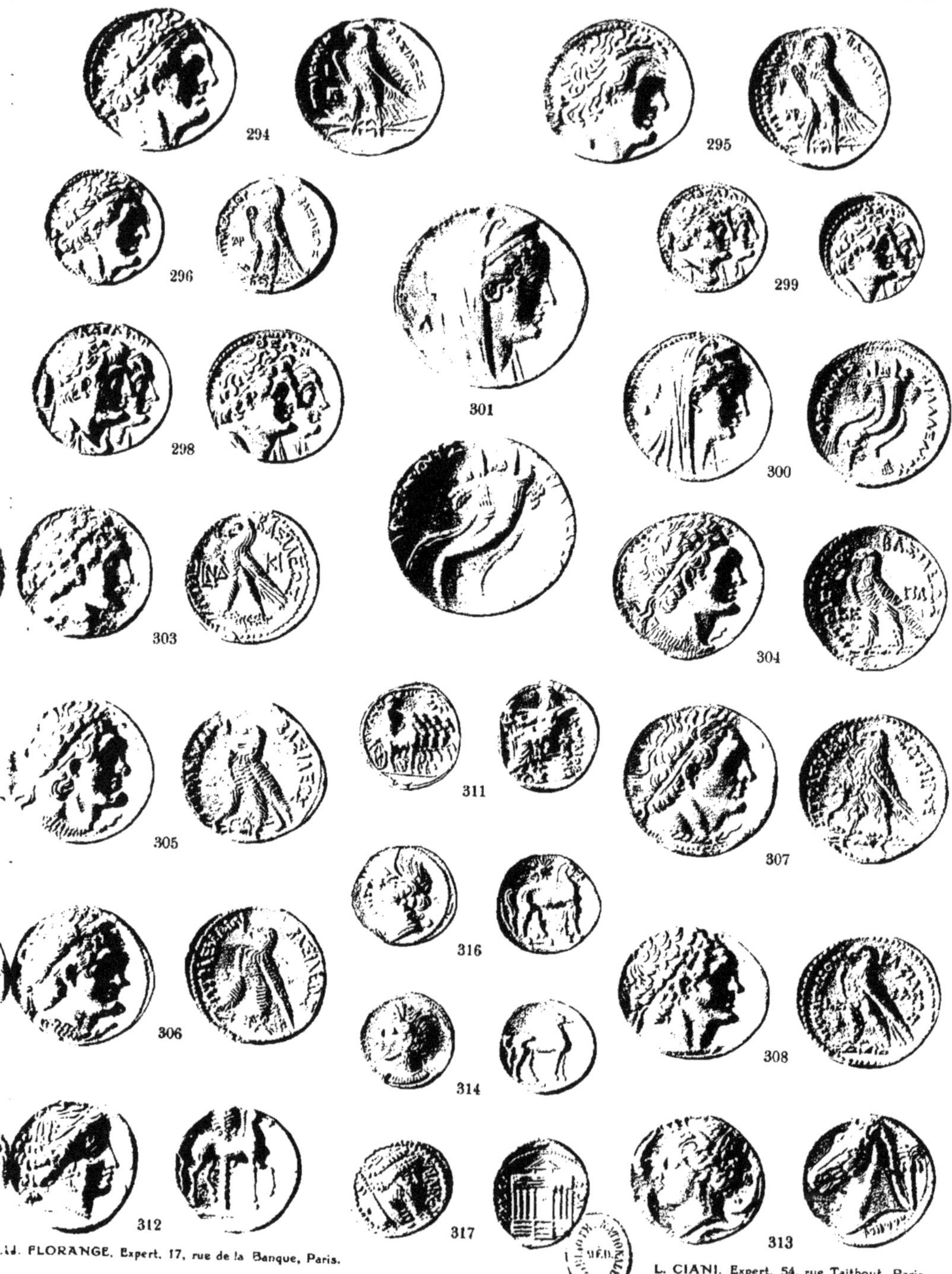
294
295
296
299
301
298
300
303
304
305
311
307
316
306
308
314
312
317
313

M. FLORANGE, Expert, 17, rue de la Banque, Paris.

L. CIANI, Expert, 54, rue Taitbout, Paris.

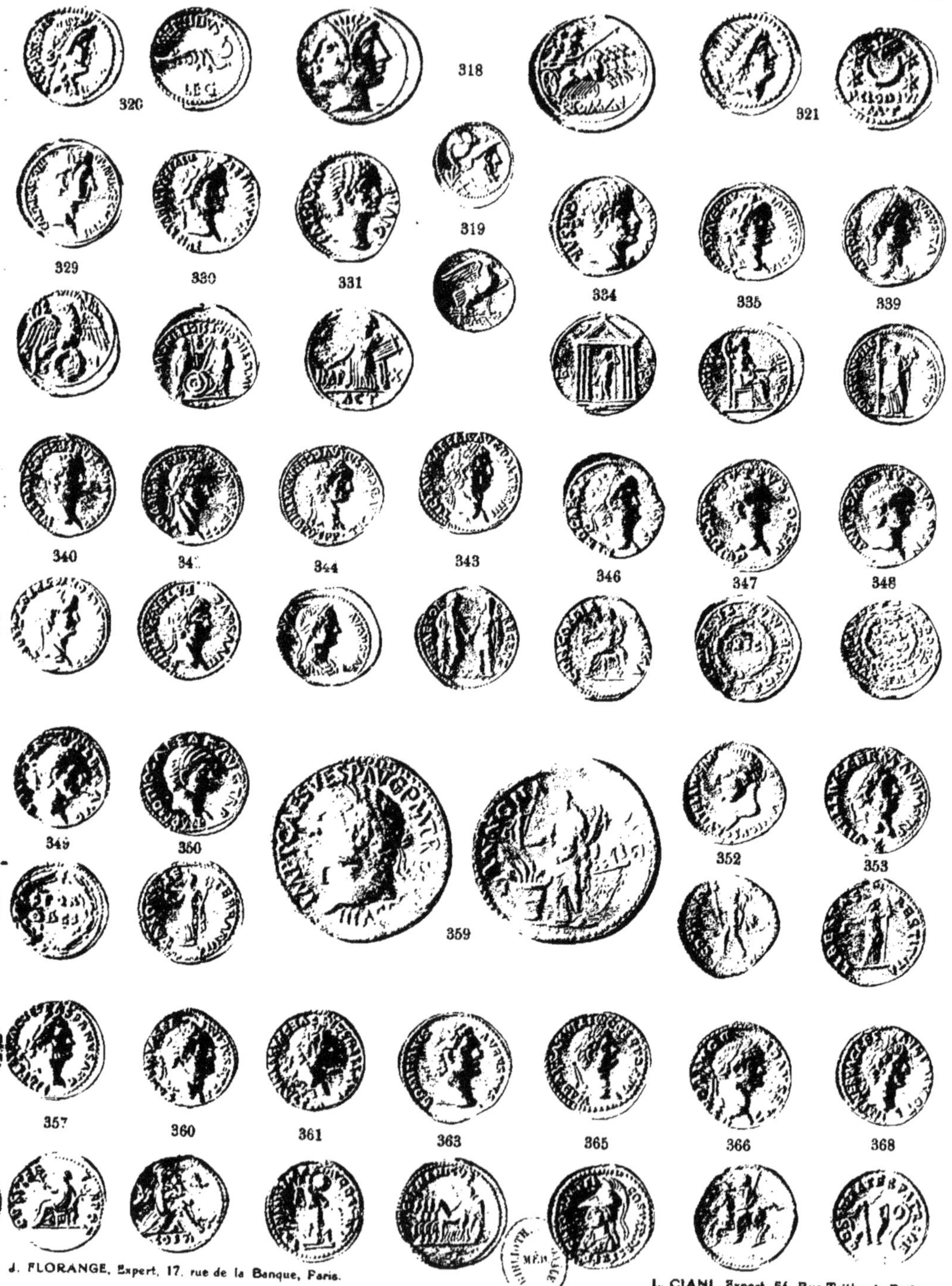

J. FLORANGE, Expert, 17, rue de la Banque, Paris.

L. CIANI, Expert, 54, Rue Taitbout, Paris.

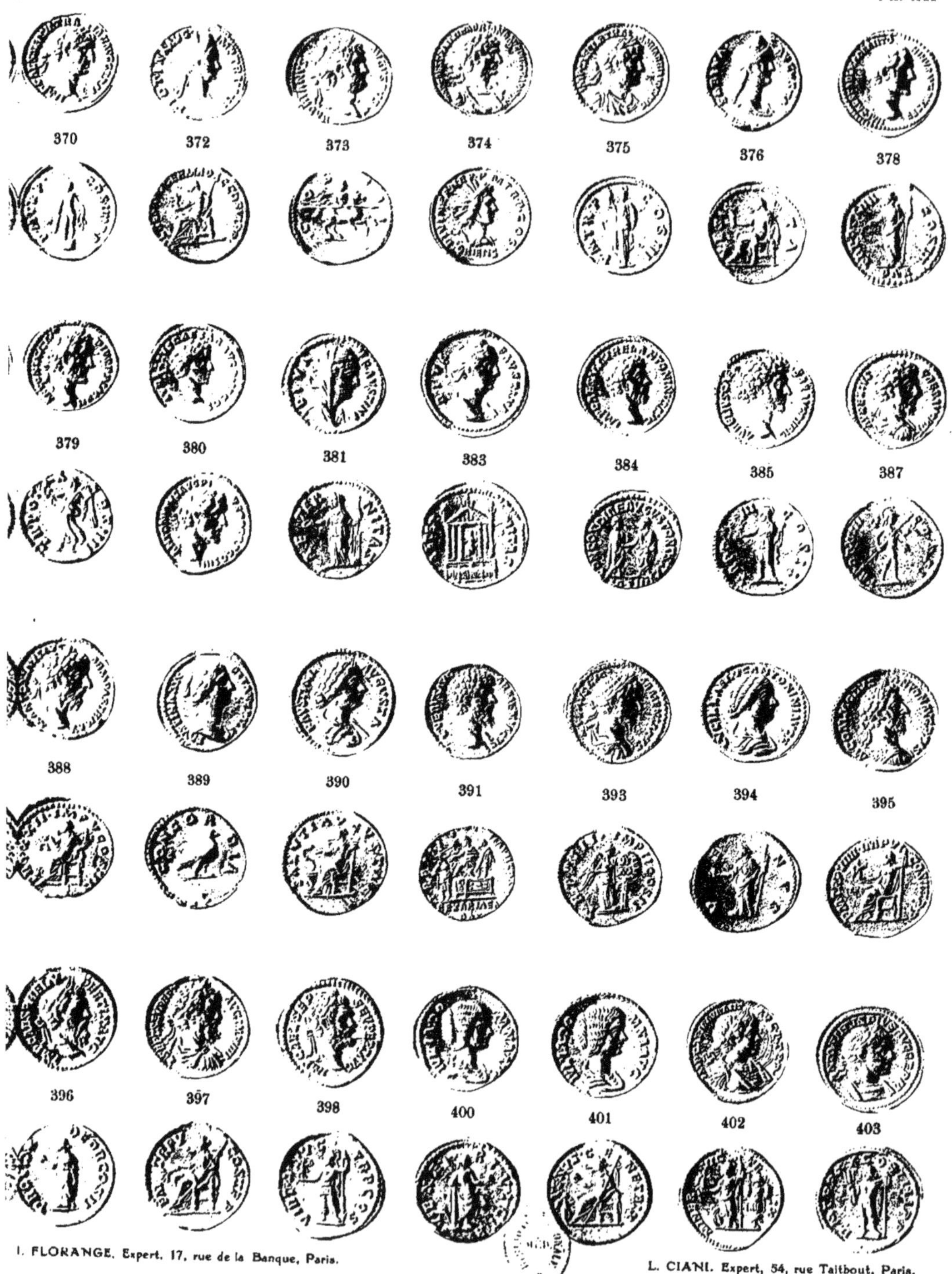

370 372 373 374 375 376 378

379 380 381 383 384 385 387

388 389 390 391 393 394 395

396 397 398 400 401 402 403

405 406 407 408 409 410 411

412 413 414 415 416 417 418

420 421 421 bis 422 423 425

426 428 430 431 433 437

J. FLORANGE, Expert, 17, rue de la Banque, Paris.

CIANI, Expert, 54, Rue Taitbout, Paris.

438 440 444 445 446 447 448 449 450 453 455 456 462 457 458 463 468 470 471 473 473 bis 474 478 479 481 482 480

FLORANGE, Expert, 17, Rue de la Banque, Paris.

L. CIANI, Expert, 54, Rue Taitbout, Paris.

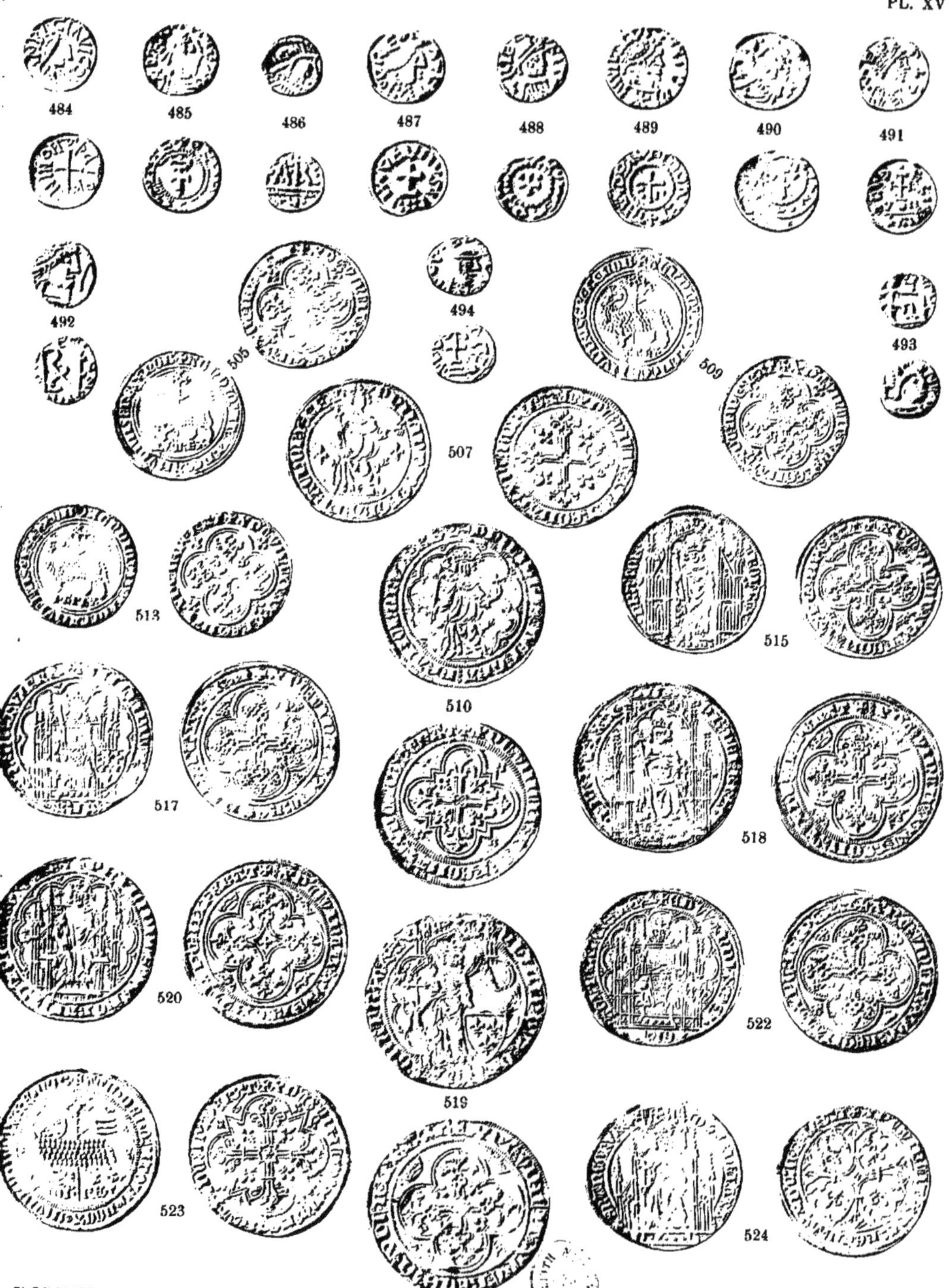

484 485 486 487 488 489 490 491 492 494 493 505 509 507 513 515 510 517 518 520 522 519 523 524

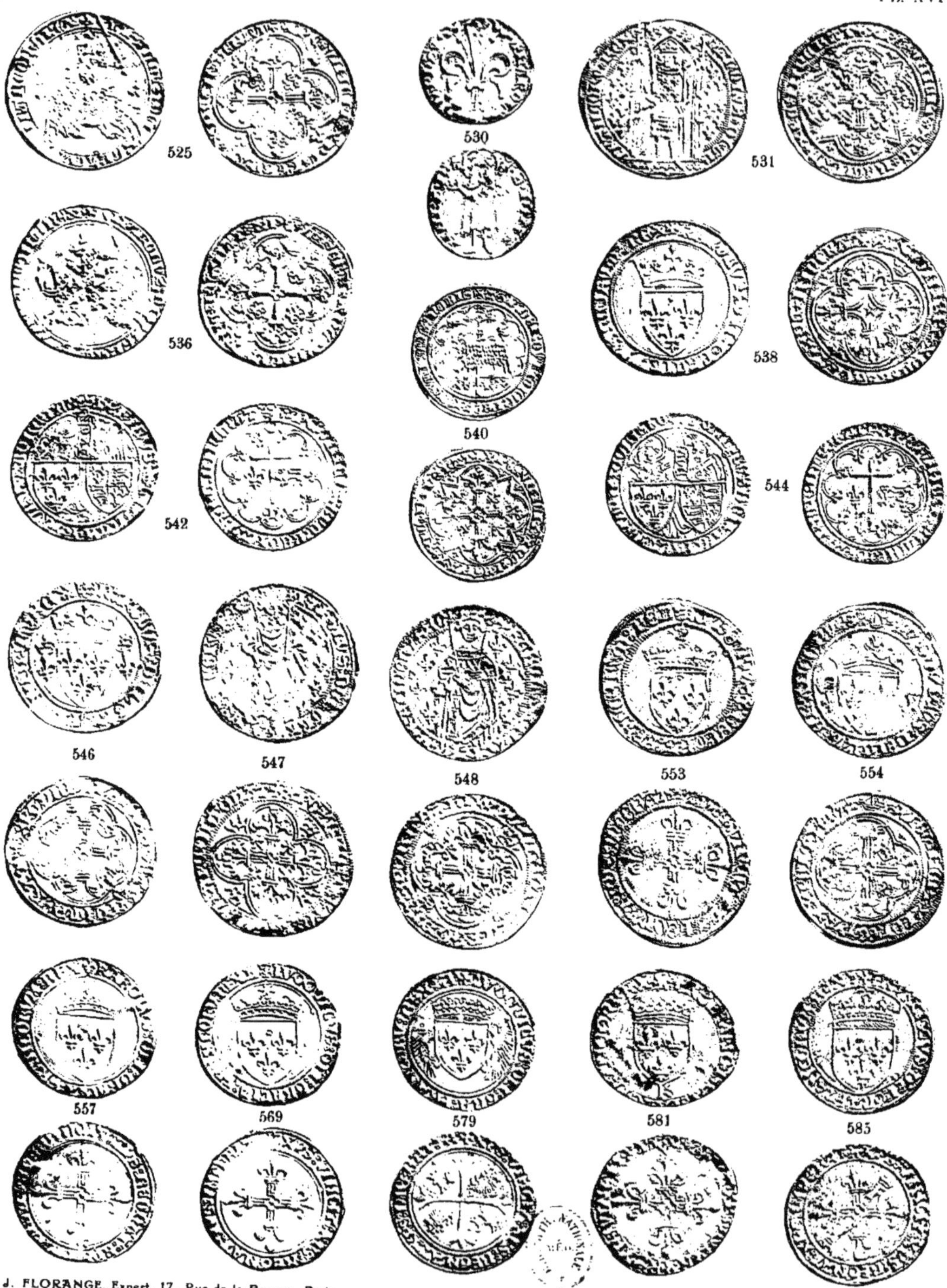

525 530 531 536 538 540 542 544 546 547 548 553 554 557 569 579 581 585

J. FLORANGE, Expert, 17, Rue de la Banque, Paris.

L. CIANI. Expert, 54, rue Taitbout, Paris.

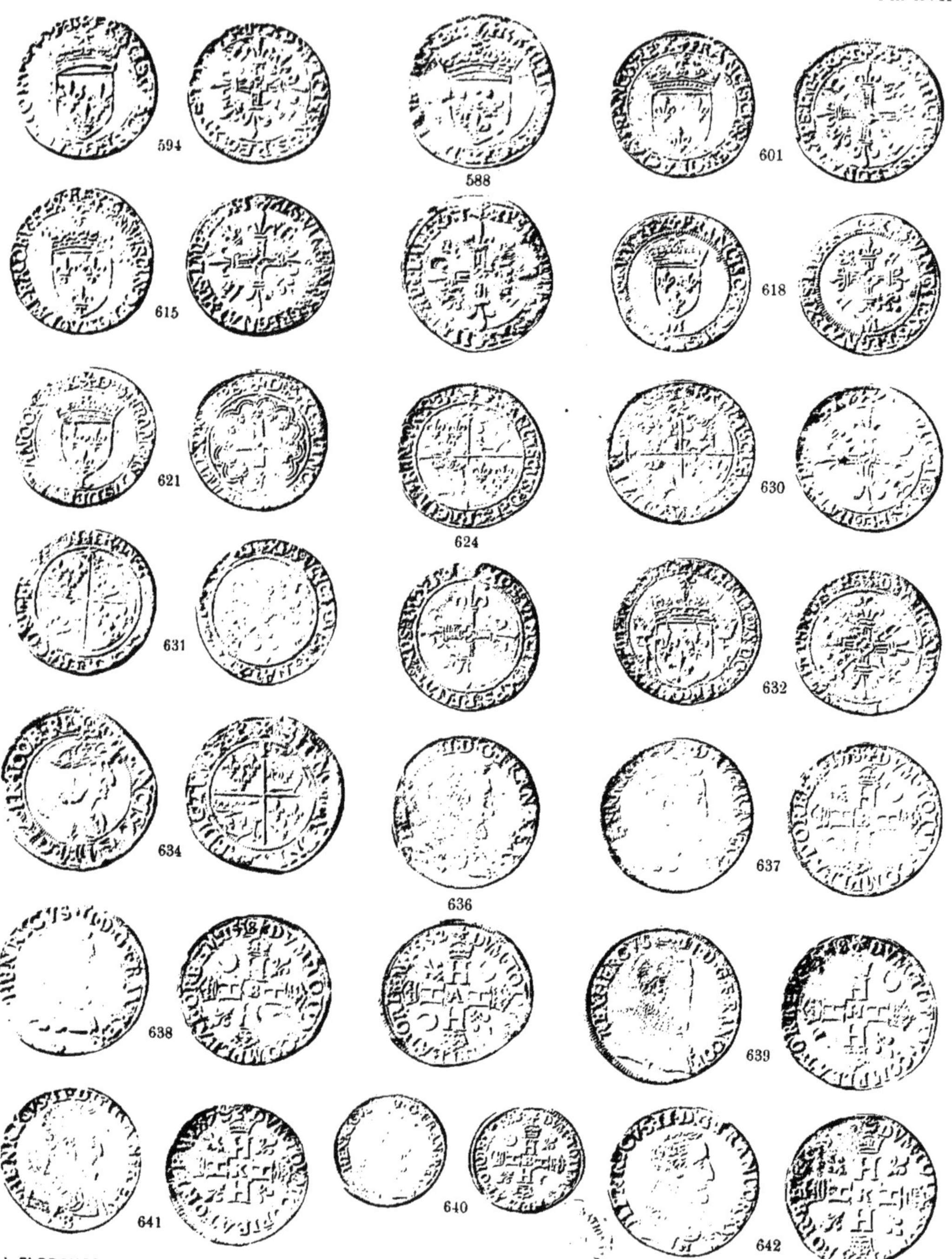
594
588
601
615
618
621
624
630
631
632
634
636
637
638
639
641
640
642

643 644 645 650 651 652 659 671 677 679 682 683 684 685 695 697 698

.. FLORANGE, Expert. 17, rue de la Banque, Paris.

L. CIANI, Expert, 54, Rue Taitbout, Paris.

704
699
705
714
708
709
702
702
700
724
725

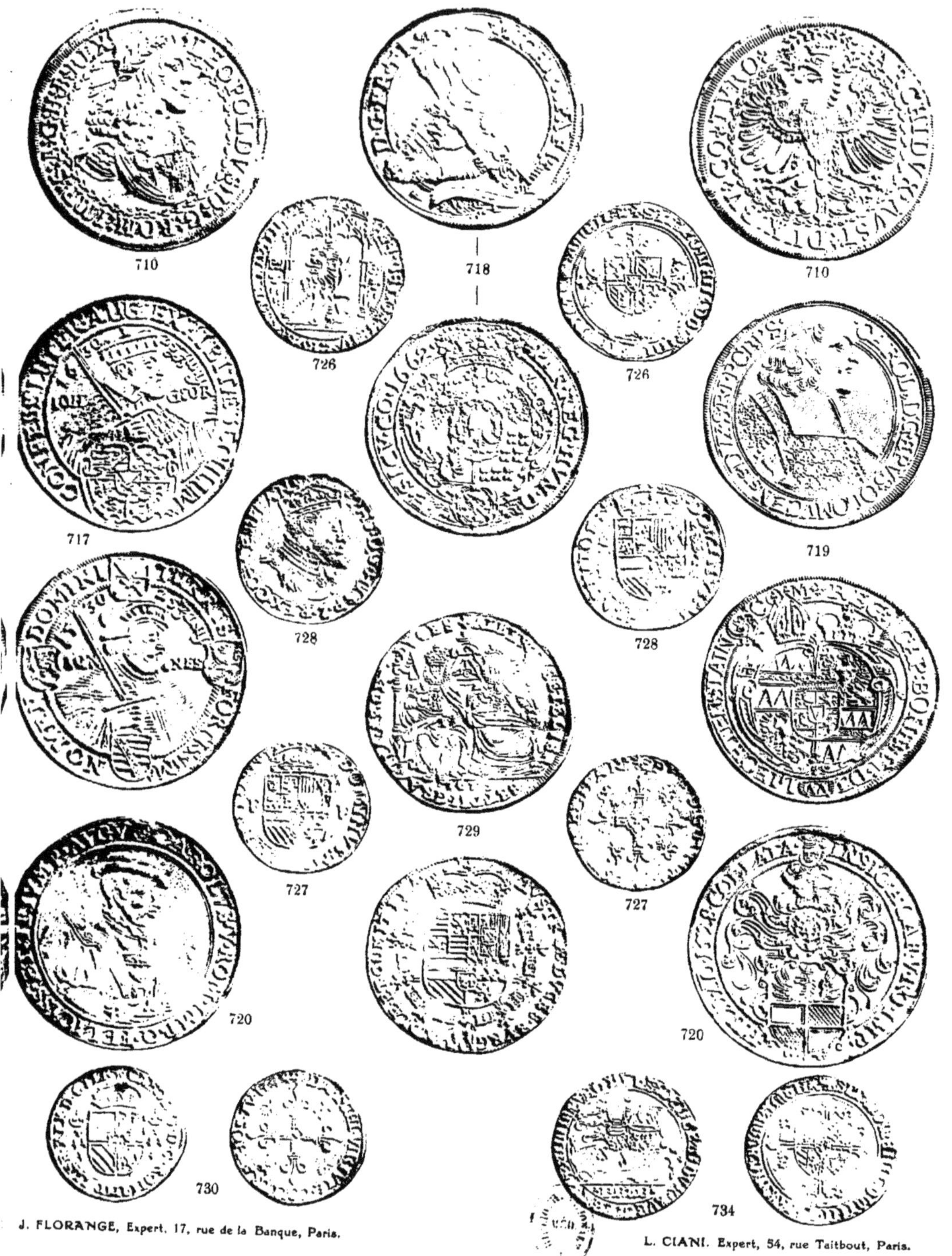

J. FLORANGE, Expert, 17, rue de la Banque, Paris.

L. CIANI, Expert, 54, rue Taitbout, Paris.

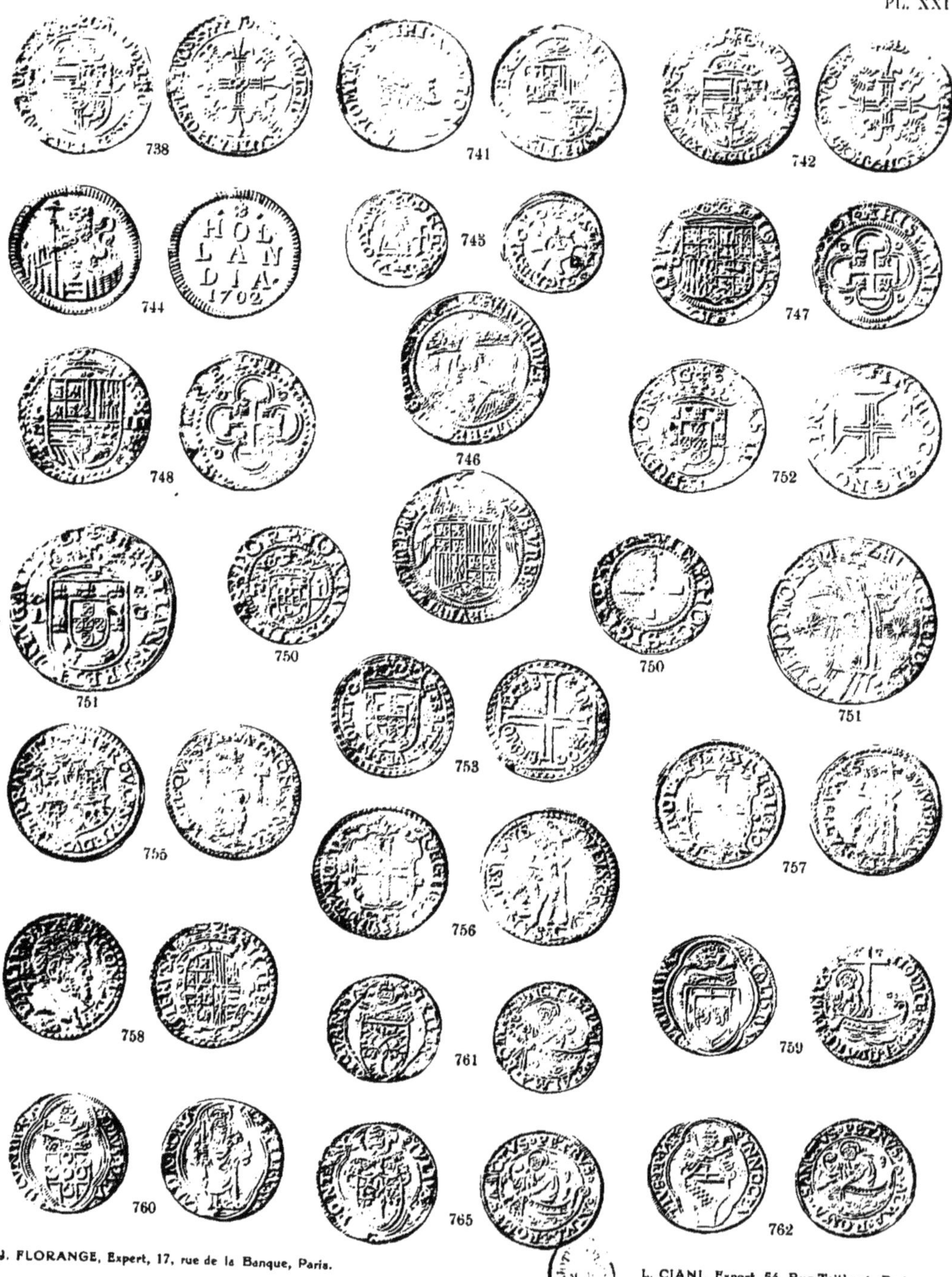

J. FLORANGE, Expert, 17, rue de la Banque, Paris.

L. CIANI, Expert, 54, Rue Taitbout, Paris.

J. FLORANGE, Expert, 17, Rue de la Banque, Paris.

L. CIANI, Expert, 54, Rue Taitbout, Paris.

www.ingramcontent.com/pod-product-compliance
Ingram Content Group UK Ltd.
Pitfield, Milton Keynes, MK11 3LW, UK
UKHW020333180726
13839UKWH00002B/689

9 782329 442341